사모님 ~♡

함께 육아하며 삶의 애환을 나눈지가
언 5년이 되어가네요. 늘 고마웠어요.
함께 해서 벤쿠버의 삶이 더욱 풍성했어요.
잠시 떠나 있으나 기도하며 동역할께요.
그리스도의 보혈의 능력이 사모님의 삶에
가득 하시길 기도할께요.
보고싶을꺼에요. ♡ 사랑이네♡
더욱 예수님 닮아져서 만나요. 우리 만남
Jul. 2012.

사랑하며 축복합니다.
기도의 용사가 되시는
지침서가 되길 바라며
드립니다.

—윤경—

To. 사랑 아빠, 엄마..

주님안에서 한 형제, 자매로
신앙생활 같이 하며 삶을 나누게 하신
아버지의 은혜에 감사드리며..
두분의 사랑속에 저희 셋이 더욱 풍성해짐을
다시한번 감사드리며... 주님안에서 두분을 사랑합니다.

너무 바빠서 기도합니다

빌 하이벨스 | 김성녀 옮김

Ivp

한국기독학생회(IVF: InterVarsity Christian Fellowship)는
'캠퍼스와 세상 속의 하나님 나라 운동'을 비전으로
'캠퍼스 복음화, 기독 학사 운동, 세계 선교'를 사명으로 삼고 있는
초교파적, 복음적인 신앙 운동체입니다.

IVF는 전국 각 대학에서 활동하고 있으며
이에 대한 자세한 사항은
100-619 서울중앙우체국 사서함 1960호 IVF
(전화 333-7363)로 문의해 주시기 바랍니다.

IVP는 InterVarsity Press의 약어로
한국기독학생회(IVF)의 출판부를 뜻합니다.

Originally published by InterVarsity Press
as *Too busy not to pray*

Translated by permission of InterVarsity Press
P. O. Box 14100, Downers Grove, IL 60515, U. S. A.

Korean Edition

C. P. O. Box 327, Seoul, Korea

TOO BUSY NOT TO PRAY

Slowing Down to be with God

Bill Hybels
with LaVonne Neff

_차례

자신의 임재 가운데 부르시는 하나님

기도는 인간의 자율성에 대한 도전이요 독립적인 삶에 대한
고발이다. 단호하게 자기 나름대로의 길을 가고 있는 바쁜 사람들에게
기도는 매우 황당한 방해꾼이 아닐 수 없다. 기도는 우리 인간의 교만한 본성과는
아주 이질적인 것이다.
그런데도 언제 어디선가, 어쩌면 우리 모두는
털썩 무릎을 꿇고 머리를 조아리며 오로지 하나님께만 관심을 기울인 채 기도할 수밖에 없는 시점에
다다른다. 혹시라도 누가 볼까 싶어
주변을 두리번거릴수도 있고,낯이 뜨거워질 수도 있다.
하지만 그 낯설음에도 불구하고 우리는 기도를 하는 것이다.
왜 우리는 기도에 마음이 끌리는 걸까?
여기에는 두 가지 설명이 가능하다.
하나님의 임재에 둘러싸여우리가 기도하는 이유는, 직관적으로건 경험적으로건 하나님과의 가장 친밀한 연합은
오로지 기도를 통해서만 얻을 수 있다는 것을 알고 있기 때문이다.
시련이나 시험을 당해본 사람들, 가슴아픈 일이나 슬픈 일, 혹은 실패나 낙담,
외로움이나 차별을 겪어본 사람들에게 물어보라. 그들이 마침내 무릎을 꿇고 주님께 마음을 쏟아
그들의 영혼에 무슨 일이 일어났는지를.

1 하나님의 임재, 하나님의 능력

기도는 부자연스러운 것이다

우리는 태어나는 순간부터 자급자족 능력을 갖추기 위해 애쓰며 수고한다. 그리고 그러는 가운데 자기 신뢰의 규칙을 배워 나간다. 이렇게 깊이 자리잡고 있는 가치관 앞에서 기도는 쉽게 사라져 버리고 만다. 기도는 인간의 자율성에 대한 도전이요, 독립적인 삶에 대한 고발이다. 단호하게 자기 나름대로의 길을 가고 있는 바쁜 사람들에게 기도는 매우 황당한 방해꾼이 아닐 수 없다.

기도는 우리 인간의 교만한 본성과는 아주 이질적인 것이다. 그런데도 언제 어디선가, 어쩌면 우리 모두는 털썩 무릎을 꿇고 머리를 조아리며 오로지 하나님께만 관심을 기울인 채 기도할 수밖에 없는 시점에 다다른다. 혹시라도 누가 볼까 싶어 주변을 두리번거릴 수도 있고, 낯이 뜨거워질 수도 있다. 하지만 그 낯설음에도 불구하고 우리는 기도를 하는 것이다.

왜 우리는 기도에 마음이 끌리는 걸까? 여기에는 두 가지 설명이 가능하다.

하나님의 임재에 둘러싸여

우리가 기도하는 이유는, 직관적으로건 경험적으로건 **하나님과의 가장 친밀한 연합은 오로지 기도를 통해서만 얻을 수 있다**는 것을 알고 있기 때문이다.

시련이나 시험을 당해 본 사람들, 가슴아픈 일이나 슬픈 일, 혹은 실패나 낙담, 외로움이나 차별을 겪어 본 사람들에게 물어 보라. 그들이 마침내 무릎을 꿇고 주님께 마음을 쏟아놓았을 때 그들의 영혼에 무슨 일이 일어났는지를.

그런 사람들은 내게 이렇게들 말했다. "뭐라고 설명할 수는 없어요. 하지만 하나님이 저를 이해하신다는 느낌이 들었지요."

또 어떤 사람들은 "저는 하나님의 임재에 둘러싸여 있는 느낌이었어요"라고 말하기도 했다.

또는 "전에는 전혀 느껴 보지 못했던 위로와 평안을 느꼈어요"라고도 했다.

사도 바울도 이런 경험을 알고 있었기에, 빌립보 교인들에게 편지를 쓰면서 이렇게 말했다. "아무것도 염려하지 말고, 모든 일을 오직 기도와 간구로 하고, 여러분이 바라는 것을 감사하는 마음으로 하나님께 아뢰십시오. 그리하면 사람의 헤아림을 뛰어넘는 하나님의 평화가 여러분의 마음과 생각을 그리스도 예수 안에서 지켜 줄 것입니다" (빌 4:6-7).

몇 년 전 우리 아버지가 심장마비로 돌아가셨는데, 당시 아버지는 비교적 젊으셨고 대단히 활동적이셨다. 나는 미시간에 있는 어머니 집으로 차를 몰고 달려가면서, 아버지 없는 내 인생을 어떻게 계속 꾸려 나갈 수 있을지 자신이 없어졌다. 아버지는 이 세상 그 누구보다도 나를 가장 믿어 주신 분이었다.

그 날 밤 침대 맡에서 나는 하나님과 씨름했다. "왜 이런 일이 일어난 겁니까? 제가 이 사건을 제 마음속에서, 그리고 제 인생 속에서 어떻게 이해하면 좋단 말입니까? 아버지를 잃은 상실감을 과연 극복할 수 있을까요? 당신이 정말로 저를 사랑하신다면, 저한테 어떻게 이러실 수가 있습니까?"

그런데 그 한밤중에 갑자기 모든 것이 변했다. 마치 막다른 모퉁이를 돌아 새로운 방향으로 가게 된 듯한 느낌이었다. 하나님은 단순히 이렇게 말씀하셨다. "나는 능력이 있다. 너는 나로 족하다. 지금은 이 사실이 의심스럽겠지만, 나를 신뢰하거라."

이 경험이 일견 비현실적으로 보일 수도 있겠지만, 그 결과는 일점일획도 오류가 없었다. 그렇게 눈물을 쏟으며 절망했던 그 날 밤 이후로, 나는 단 한 번도 의심의 안개에 휩싸여 고민한 적이 없었다. 하나님이 나를 보살피신다는 사실에 대해서, 또는 내가 아버지 없이도 인생을 꾸려 나갈 능력이 있다는 사실에 대해서 의심하며 고통스러워한 적이 한 번도 없었다. 슬픔이라면…. 물론 슬펐다. 아버지의 죽음은 내게 깊은 상처이며, 나는 늘 아버지를 그리워할 것이다. 하지만 그렇다고 해서 돛이나 나침반 없는 배처럼 표류하지는 않았다. 내가 아는 한, 나로서는 가장 혹독했던 그 밤중에도, 하나님과 넘치도록 친밀했던 그 순간이 있었기에 나는 용기와 확신과 소망을 품을 수 있었다.

친밀한 관계

나는 항상 기도에 강한 사람은 아니었다. 나도 오랜 세월, 심지어는 큰 교회의 선임 목사로 있는 동안에도, 삶 속에서 기도를 **실천하기**보다는 기도에 관해서 **알고 있는 것**이 더 많았다. 나는 경주마처럼 조급한 성격이었고, 자급자족 능력과 자기 신뢰야말로 매우 현실적인 문제라고 생각했다. 그 빠른 경주로를 벗어나 충분한 시간을 두고 기도에 관한 모든 것을 알아내고 싶은 마음이 없었다.

하지만 성령님이 너무도 직접적으로 나를 인도하셨기 때문에, 나는 그 인도를 무시하거나 반박하거나 불순종할 수 없었다. 그런 인도하심 때문에 나는 기도를 탐구하고 연구하고 실천하게 되었고, 마침내 기도가 무엇인지 이해하게 되었다. 나는 그 인도하심에 순종했다. 기도에 관한 중요한 책을 15권 내지 20권 정도 읽었는데, 그 중에는 오래된 책도 있었고, 새로 나온 책도 있었다. 기도에 관한 성경 구절들도 거의 다 섭렵했다.

그러고 나자 나는 그야말로 획기적인 행동을 하게 되었다. 기도하게 된 것이었다.

내가 기도 시간을 갖게 된 지도 어언 20년이 흘렀고, 그 후로 내 기도 생활은 완전히 변화되었다. 내 기도들은 기적적으로 응답되기도 했고, 그렇게 응답받은 목록만도 엄청났지만, 그것이 내게 가장 큰 성취감을 주지는 못했다. 오히려 기도를 통해 나와 하나님의 관계 속에서 일어난 질적인 변화야말로 가장 짜릿한 기쁨이었다. 하지만 처음 기도를 시작할 때만 해도, 장차 어떤 일이 일어날지는 전혀 알지 못했다.

그 전에 나와 하나님은 좀 가벼운 관계였다. 우리는 그리 자주 만나지도, 많은 말을 나누지도 않았다. 하지만 지금은 아주 많이 만나고 있으며, 스쳐 가는 대화가 아니라 실속 있는 대화, 매일 아침 상당 시간 영혼을 탐색하는 대화를 나누고 있다. 나는 기도를 시작한 후로 하나님을 훨씬 더 잘 알게 되었다는 느낌이 든다.

지금 성령님이 당신을 기도에 관해 좀더 배우는 길로 인도하고 계시다면, 당신은 굉장한 모험의 출발점에 서 있는 것이다. 당신이 기도 안에서 성장해 가노라면, 하나님은 당신에게 자신을 더 많이 드러내 주시고, 당신의 영에도 더욱 풍성한 생명의 숨결을 불어넣어 주실 것이다. 내 말을 명심하라. 이것이야말로 당신이 기도를 통해 경험하게 될 가장 뿌듯하고 보람 있는 일이라는 사실을. 심지어 당신이 기도를 통해 반드시 얻게 될 기도 응답보다도 더 뿌듯하고 보람 있을 것이다. 기도하는 법을 배워 가다 보면, 하나님과의 교제, 신뢰, 확신, 평강, 위로와 같은 경이로운 감정들이 당신 차지가 될 것이다.

기도: 하나님의 능력의 통로

하나님은 기도를 통해서 자신의 평강을 우리에게 주신다. 자급자족적인 사람들조차 무릎을 꿇고 하나님께 마음을 쏟아놓는 것도 바로 이 평강 때문이다. 하지만 이것 말고도 이유는 또 있다. 무엇보다도 **하나님의 능력**은 기도하는 사람들에게로 흘러 들어간다는 사실을 알기 때문인 것이다.

우리의 전지전능하신 하나님은 자신을 따르는 자들의 기도에 응답할 준비가 되어 있고, 그럴 마음도 있으시며, 그럴 능력도 있으시다. 성경은 이 사실을 가르쳐 주는 구절들로 차고 넘친다. 이스라엘의 출애굽과 약속의 땅을 향한 여정으로 이어지는 모든 기적은 다 기도 응답이었다. 예수님이 폭풍우를 잔잔케 하시고 사람들을 먹이시며 병자를 고치시고 죽은 자를 살리신 기적들 역시 기도 응답이었다. 초대교회가 형성되고 성장하여 온 세상에 퍼져나갈 때에도, 치유와 구원을 바라는 신자들의 지속적인 기도에 하나님은 응답하셨다.

하나님의 능력은 상황과 관계를 변화시킬 수 있다. 하나님의 능력은 우리가 일상의 어려움을 직면할 수 있도록 도와주신다. 하나님의 능력은 심리적, 신체적 문제들을 치유하실 수 있고, 결혼 생활의 장애물을 없애 주실 수 있으며, 경제적인 필요를 채워 주실 수도 있다. 사실 하나님의 능력은 모든 종류의 어려움, 곤경, 혹은 낙심되는 일들을 전부 다루실 수 있다.

어떤 이는 말했다. 우리가 일할 때는 **우리가** 일하는 거지만, 우리가 기도할 때는 **하나님이** 일하시는 거라고. 하나님의 초자연적인 힘은 기도하는 자들에게 항상 열려 있다. 하나님이라면 변화를 일으키실 수 있다는 사실을 존재의 중심으로부터 확신하는 자들에게는 말이다. 회의론자들은 이렇게 반박할지도 모른다. 기도가 응답된 것은 다만 우연의 일치일 뿐이라고. 하지만 영국의 어느 주교가 말한 것처럼,

"사람이 기도하기 시작할 때, 얼마나 많은 우연의 일치가 발생하는지 놀랍지 않은가!"

두 손을 높이 들고

기도가 얼마나 중차대한 결과를 낳는지를 내게 가장 설득력 있게 보여 준 사건은 구약에 있었다. 바로 출애굽기 17:8-13에 나오는 이야기다.

> 그 때에 아말렉 사람들이 몰려와서, 르비딤에 있는 이스라엘 사람을 공격하였다. 모세가 여호수아에게 말하였다. "장정들을 뽑아서 아말렉과 싸우러 나가시오. 내일 내가 하나님의 지팡이를 손에 들고, 산꼭대기에 서 있겠소." 여호수아는 모세가 그에게 말한 대로 아말렉과 싸우러 나가고, 모세와 아론과 훌은 언덕 위로 올라갔다. 모세가 그의 팔을 들면 이스라엘이 더욱 우세하고, 그가 팔을 내리면 아말렉이 더욱 우세하였다. 모세가 피곤하여 팔을 들고 있을 수 없게 되니, 아론과 훌이 돌을 가져와서 모세를 앉게 하고, 그들이 각각 그 양쪽에 서서 그의 팔을 붙들어 올렸다. 해가 질 때까지 그가 팔을 내리지 않았다. 이렇게 해서, 여호수아는 아말렉과 그 백성을 칼로 무찔렀다.

이스라엘의 유명한 지도자 모세는 위기에 처해 있었다. 광야에 있는 이스라엘의 장막 근처에 방금 적군이 나타나서, 이스라엘 족속을 다 쓸어 버리려 했던 것이다.

이에 모세는 자기 군대에서 가장 유능한 지도자들을 소집해서 작전 회의를 한다. 철저한 계획과 토론을 마치자, 모세는 아군이 취할 전략을 선포한다. "여호수아! 내일 그대는 우리 군대에서 가장 잘 싸우는 병사들을 데리고 가시오. 그들을 들판으로 이끌고 나가 적을 맞아 용감히 싸우시오. 나는 두 사람을 데리고 언덕으로 올라가 전장을 내려다보며 두 손을 하늘 높이 들어올리겠소. 하나님이 우리 군대에게 용기와 전의와 협력, 그리고 하늘의 보호하심을 쏟아부어 주시기를 기도할 것이오. 그리고 하나님이 어떻게 일하시는지를 지켜보겠소."

하나님의 능력으로 부은 바 되어

여호수아는 동의했다. 기도를 믿었기 때문에, 모세의 군사적 지원보다는 차라리 기도의 지원을 받는 게 더 나았다. 자, 이제 어떻게 되었는가? 당연하게도, 모세가 하늘을 향해 팔을 들어올리면 여호수아의 군대가 우세해져서, 하나님의 강한 힘으로 싸워 적들을 물리쳤다.

하지만 누구나 예상할 수 있듯이, 모세의 팔이 아파 왔다. 그래서 그는 팔을 내리고 언덕 주변을 걸으면서 전세를 살폈다. 그런데 무섭게도, 전세가 눈앞에서 완전히 역전된다. 여호수아의 군대가 밀리고 적군이 이기기 시작하는 것이다.

모세는 다시 두 팔을 하늘로 높이 쳐들고 이 문제를 여호와께로 가져갔다. 그러자 즉시로 전세는 다시 여호수아와 이스라엘에 유리하게 바뀌고, 그들은 적군을 섬멸하기 시작한다. 그 때 모세에게 떠오른 생각이 있었다. 이 전쟁터에서 하나님의 초자연적인 개입이 활짝 펼쳐

지기를 바란다면, 그는 기도하면서 계속 두 팔을 하늘로 쳐들고 있어야만 한다는 사실이었다.

그 날 모세는 깨달았다. 승리케 하시는 하나님의 능력은 기도를 통해서 흘러나온다는 사실을. 나도 열심히 기도하기 시작하면서부터 마찬가지 사실을 깨닫게 되었다. 간추려 말하면 이렇다. 즉, 당신이 매일 부딪치는 도전들에 대해 하나님이 개입해 주시도록 기꺼이 초청한다면, 당신은 승리케 하시는 하나님의 능력을 경험하게 될 것이라는 사실이다. 가정에서, 인간 관계에서, 직장에서, 학교에서, 교회에서, 당신이 가장 필요로 하는 그 어디에서든.

그 능력은 지혜라는 형태로 올 수도 있다. 당신에게 꼭 필요한데 당신으로서는 도저히 생각해 낼 수 없는 좋은 발상 같은 것 말이다. 혹은 당신 혼자서 짜 낼 수 있는 것보다 훨씬 더 큰 용기라는 형태로 올 수도 있다. 그런가 하면 자신감이나 인내, 흔치 않은 지구력, 배우자나 자녀, 부모에 대한 태도의 변화, 상황의 변화라는 형태로 올 수도 있고, 심지어 명백한 기적의 형태로 올 수도 있다. 어떤 형태건, 승리케 하시는 하나님의 능력은 기도하는 이들의 삶 속에 충만히 부어진다.

항상 흐르는 하나님의 능력

하지만 이 등식의 반대쪽 현실은 냉정하다. 즉, 당신이 두 손을 호주머니에 찔러 넣고서 "이 일은 내 힘으로 할 수 있어"라고 말하고 있는 한, 하나님의 능력이 당신의 삶 속에 부어지기는 매우 어렵다는 것이다. 만일 당신이 그러고 있다면, 언젠가 전세가 당신에게 불리하게 돌아가고, 어찌해 볼 도리조차 없다 해서 괴로워하지 말라.

기도하지 않는 사람들은 승리케 하시는 하나님의 능력으로부터 스스로를 단절시킨다. 그 결과, 그들은 짓눌리는 느낌, 압도되는 느낌, 낙심천만, 사방에서 조이는 느낌, 패배감과 같은 감정들을 자주 경험한다. 놀랄 정도로 많은 사람들이 이런 식의 삶에 그럭저럭 적응하며 산다. 하지만 당신은 그런 사람이 되지 말라. 절대 그렇게 살 필요가 없다. **기도는 승리케 하시는 하나님의 능력의 창고를 여는 열쇠다**.

기도와 하나님의 능력이 어떻게 연결되는지를 깨달은 모세는, 하나님이 이 전쟁에 개입해 주시기를 기도하는 데 그 날의 남은 시간을 다 쓰기로 결심했다. 하지만 팔이 아파 왔다. 팔을 내려선 안 된다는 사실을 잘 알고 있었던 모세. 한 번 팔을 내렸다가 아군이 밀리는 모습을 보지 않았던가. 그래서 이번에는 그를 따라 언덕까지 함께 온 두 사람이 돌을 하나 구해다가 모세를 그 위에 앉혔다. 그러고는 두 사람이 각각 모세의 양쪽 겨드랑이 밑으로 기어들어 가 팔을 들어 주었다. 모세는 하나님의 능력이 계속 흐르게 해야만 했고, 그런 모세를 돕기 위해 두 사람이 정성어린 마음으로 그의 팔을 받쳐 주고 있다. 이 얼마나 멋진 그림인가! 그 날의 전쟁은 두말 할 필요도 없이 이스라엘의 승리로 돌아갔다.

혹시 당신도 기도에 지쳐 있지는 않은가? 기도해 봤자 별 효과가 없다는 생각이 드는가? 과연 하나님이 기도를 듣고 계시기는 한지 의문이 생기는가? 이 책을 통해서 나는 모세의 팔을 받쳐 주었던 두 친구와 같은 역할을 하고 싶다. 당신의 날이 끝나고 승리를 얻을 때까지, 당신이 두 팔을 들고 있을 수 있도록 도와주는 사람 말이다. 당신이 지금 얼마나 낙심하고 있든지 간에, 나는 당신이 쉬지 않고 기도할 수 있도록 힘을 불어넣어 주는 하나님의 도구로 사용되기 원한다.

나는 알고 있다. 하나님은 기도에 응답하신다는 것을. 내 기도에도 응답하셨고, 당신의 기도에도 응답하실 것이다. 더 나아가서, 하나님은 당신의 기도를 **듣고 싶어하신다**. 하나님이 기꺼이 듣고자 하시기 때문에, 우리는 기도라는 모험을 시작할 수 있는 것이다.

묵상과 토론을 위한 질문들

1. 기도는 당신의 삶 속에서 어떤 변화를 가져오는가?

2. 저자는 "하나님과의 가장 친밀한 연합은 오로지 기도를 통해서만 얻을 수 있다"고 말했는데, 당신은 이 말에 대해서 어떻게 생각하는가?

3. 기도와 하나님의 능력과는 어떤 상관 관계가 있다고 생각하는가? 또 로마서 8:26과는 어떻게 연관된다고 생각하는가?

4. 이 책을 읽기 시작하는 시점에, 기도에 관해서 당신 나름대로의 정의를 내려보라.

5. 이 책을 읽는 동안 하나님과 당신의 대화가 어떻게 개선되기를 바라는가?

2 하나님은 우리 기도를 듣고 싶어하신다

□ 하나님은 우주를 질서정연하게 관리하느라 바쁘시다. 사소한 내 문제 따위는 별로 듣고 싶어하지 않으실 거다.

□ 내가 내 필요를 위해 기도한다면, 하나님은 나를 이기적이라고 생각하실 거야. 내가 정말로 하나님을 사랑한다면, 나 자신은 맨 끝자리에 놓아야 하겠지.

□ '수천의 언덕 위에 그득한 가축들'이 다 하나님의 소유라는 것은 나도 알지만, 그건 비유적인 표현일 뿐이지. 하나님은 나를 돌보는 따위의 일에는 관심이 없으실 테니까, 나도 보살펴 달라고 굳이 빌지는 않겠어.

당신도 위와 같은 생각을 한 적이 있는가? 있다면, 당신만 그런 건 아니지만, 슬프게도 그건 잘못 생각한 것이다. 이 말들은 모두 지옥에서 직송된 거짓말, 하나님은 자기 자녀들에게 관심이 없다는 거짓말에 근거한 것이다.

예수님은, 하나님이 우리 기도를 어떻게 생각하시는지를 제자들에게 제대로 이해시켜 주고 싶어서 이야기 하나를 들려주셨다. 그런데 불행히도 많은 사람들이 그 이야기를 오해한다. 사실 어떤 그리스도인들은 이 이야기를 예수님의 의도와 정반대로 이해하기도 한다.

이 이야기는 누가복음 18:2-5에 기록되어 있다.

> 어느 고을에 하나님도 두려워하지 않고, 사람도 존중하지 않는, 한 재판관이 있었다. 그 고을에 과부가 한 사람 있었는데, 그는 그 재판관에게 줄곧 찾아가서, "내 적대자에게서 내 권리를 찾아 주십시오"라고 졸랐다. 그 재판관은 한동안 들어 주려고 하지 않다가, 얼마 뒤에 이렇게 혼자 말하였다. "내가 정말 하나님도 두려워하지 않고, 사람도 존중하지 않지만, 이 과부가 나를 이렇게 귀찮게 하니, 그의 권리를 찾아 주어야 하겠다. 그렇게 하지 않으면, 그가 자꾸만 찾아와서 나를 못 견디게 할 것이다."

가련한 과부

이 이야기의 주인공은 한 과부다. 과부로 산다는 건 절대 쉽지 않은 일이다. 물론 오늘날 미국에서 과부로 산다는 것은 2,000년 전의 중동 지방처럼 그렇게 비참한 상황은 아니다. 우리 문화권에서는 과부가 부유할 수도 있고, 영향력 있는 지위를 차지할 수도 있다. 물론 경제적으로 심각한 문제에 봉착하는 과부들도 많이 있지만, 그래도 최소한 돈벌이를 하거나 학교에 다니거나 사유 재산을 소유하는 일들은 허용된다.

하지만 예수님이 이 이야기를 하시던 당시 상황은 전혀 달랐다. 일반적으로 과부는 교육도 받지 못했고, 직업도 없으며, 돈, 재산, 권력, 지위도 전혀 없었다. 다행히 그녀를 보살펴 줄 아들이나 아버지, 혹은 남편의 형제라도 있다면 그나마 살아갈 수가 있었지만, 그렇지 않은 경우에는 거지가 될 수도 있었다. 1세기판 노숙자, 혹은 넝마주이라고나 할까. 그런 여자는 사회적 폐물이 되는 것이다.

예수님의 이야기 속에 나오는 이 과부에게는 적대자가 있었다. 이름은 나오지 않지만 동네의 어떤 불한당이 그녀를 못살게 굴었다. 어쩌면 그는 이 과부를 신체적으로 위협했는지도 모른다. 아니면 그녀를 위해 써야 할 기금을 보류하고 있거나 갈취했는지도 모른다.

어떤 경우든 간에, 그 적대자는 이기고 있었고, 이 과부는 지고 있었다. 그녀에게는 자기를 지킬 수 있는 마땅한 방법도 없었고, 곤궁에 처했을 때 돌보아 줄 일가친척도 없었으며, 도움을 받을 수 있는 정부 기관도 없었다. 그녀가 이 불한당을 물리칠 수 있는 방법은 딱 한 가지, 동네 재판관을 찾아가 처지를 호소하고 자비를 구하는 방법밖에 없었다. 그녀는 그렇게 하기로 결심했다.

불의한 재판관

자, 이제 두 번째 인물인 불의한 재판관을 살펴보자. 예수님은 이 사람을 두 가지 점에서 명쾌하게 묘사했다. 그가 하나님을 두려워하지 않는다는 점과, 인간을 존중하지 않는다는 점이다.

이 재판관은 하나님을 두려워하지 않았기 때문에 책임 의식도 없었다. 그는 하나님의 말씀, 하나님의 지혜, 또는 하나님의 정의를 존중하지 않았다. 장차 모든 것을 계수할 날이 오면, 자기가 결정했던 모든 일에 대해서 책임을 져야 한다는 사실도 전혀 개의치 않았다. 그러므로 그는 자기 식의 정의를 펼쳤고, 기분 내키는 대로 판결을 내렸다. 마치 대포를 장전해서 갑판에 발포하듯이, 자기가 원하는 곳 아무데나 발사를 했다.

또한 인간에 대한 존중심이 없었던 이 재판관은, 법정에서 자기가 내린 결정들이 정의를 학수고대하는 사람들에게 어떤 영향을 미칠 것인지에도 신경 쓰지 않았다. 그에게는 사람이 별로 중요하지 않았기 때문에, 사람들을 함부로 대하고 이용했다. 그는 사람들을 형제자매로 여기기보다는, 골칫덩어리요 방해물이며 두통거리이자 귀찮은 존재로 여겼다. 그의 인생의 모토는 '나가 나가 다 나가'였다.

그런데 과부의 최후의 보루가 이 재판관인 것이다.

당신은 이 과부에게 이렇게 말하고 싶을지도 모른다. "법정에 가느라고 시간 낭비하지 마세요. 그 재판관은 당신의 적대자와 한 패인지도 몰라요. 당신을 면전에서 비웃고는 거리로 내쫓아 버릴 거요." 그렇다. 그는 정말 그렇게 했다. 하지만 이야기는 재판관이 이 사건을 기각한 데서 끝나지 않는다.

끈질기게 졸라서 얻은 정의

재판관의 행동에 상처와 충격을 받은 과부는 정신을 가다듬고 자기의 처지를 다시 한 번 검토했다. 그러고는 결연하게 이렇게 되뇌었다. "나에게는 선택의 여지가 없어. 이 재판관이 내 유일한 희망이야. 어떻게든 이 사람을 통해서 보호를 받아야만 하겠어."

그런데 어떻게 그렇게 할 수 있겠는가? 상위 법정이 그녀의 사건을 귀담아들어 줄 리도 만무하고, 무일푼인 처지이니 재판관에게 쓸 뇌물도 없었다. 결국 그녀는 이렇게 다짐했다. "내가 어떻게 행동해야 할지 알겠어. 계속 조르는 거야. 그 재판관이 한 번씩 뒤돌아볼 때마다 얼굴을 마주쳐야지. 그가 집에 갈 때도 따라가고, 직장에도 따라가고, 경마장에도 따라갈 거야. 찰거머리처럼 찰싹 달라붙자구. 날 보호해 주든지 감옥에 처넣든지 아니면 죽이든지, 무슨 수가 나겠지."

그래서 그렇게 했는데—과연 효과가 있었다! 그녀는 재판관을 계속 졸라댔고, 드디어 어느 날 이 재판관은 사무실 창문을 확 열어 젖히면서 이렇게 소리쳤다. "도저히 더는 못 참겠군! 누가 이 과부의 문제 좀 해결해 줘. 얼마가 들든 상관없어. 해결만 해줘. 이 여자 때문에 미쳐 버리겠어."

이리하여 이야기는 행복한 결말로 끝난다. 고약하고 무관심한 재판관이 결국 과부를 적대자로부터 보호해 주었다는 것이다. 물론 그가 선량해서가 아니라 그를 끈질기게 괴롭힌 과부의 탁월한 능력 때문이었지만.

완전히 빗나간 해석

누가에 따르면, 예수님은 제자들이 "늘 기도하고 낙심하지 말아야 한다는 뜻으로" 이 이야기를 들려주셨다고 한다(1절). 그런데 이야기를 여기까지 읽은 독자들 중에 그 의미를 엄청나게 잘못 해석하는 사람들이 많다. 이 이야기를 풍유(allegory)라고 생각해서 다음과 같이 이해하는 것이다.

즉, 우리 인간은 이 과부와 같다. 그녀처럼 가난하고 힘없고 연줄도 없고 지위도 없어서, 우리의 문제를 혼자 해결할 수도 없고, 도움을 청할 곳도 없다는 것이다.

길을 잘못 들어선 이 독자는 계속 곡해한다. 하나님도 틀림없이 이 재판관과 같다고 생각하는 것이다. 하나님은 우리가 처한 상황에는 별로 관심이 없다. 어차피 하나님께는 계속 돌려야 할 우주가 있고, 조화롭게 관리해야 할 천사들이 있으며, 조율해야 할 하프가 있지 않던가. 그러니 정말로 중요한 일이 아니면 하나님을 귀찮게 하지 않는 게 좋다는 것이다.

하지만 우리가 정말 비참한 처지에 있다면, 우리도 언제든지 이 과부처럼 행동할 수 있다. 즉, 하나님을 귀찮게 할 수 있다는 것이다. 천국의 문을 쾅쾅 두드려라. 몇 시간이고 무릎 꿇고 기도하라. 친구들에게도 부탁해서 하나님을 귀찮게 해라. 조만간 우리는 하나님을 지치게 만들어서, 하나님이 꽉 움켜쥐고 주지 않으시려 하는 축복을 억지로 손가락을 벌려 얻을 수 있을지도 모른다. 결국 하나님은 이렇게 외치시겠지. "더 이상 참을 수가 없구나. 누가 이 문제 좀 해결해 줘!"라고.

당신은 이런 해석이 옳다고 생각하는가? 그렇게 생각하지 않기를 바란다. 하지만 내가 대화를 나눠 본 사람들 중에는 하나님을 그 재판관처럼 생각하는 사람들이 종종 있었다. 그들의 확신은 철저했다. 즉, 하나님은 무슨 이유에서인지 우리에게 자신의 축복의 창고 문을 열어 주고 싶어하지 않으신다는 것이다. 그러므로 기도의 가장 큰 관건은, 그 창고 문을 열 수 있는, 잃어버린 열쇠를 찾는 일이라는 것이다.

이렇게 내켜 하시지 않는 하나님의 마음을 정복하는 비결을 가르쳐 주겠다고 약속하는 책들, 우리가 원하는 것을 하나님께 계속 졸라대는 잘 알려지지 않은 방법들을 알려 주마고 약속하는 책들을 나는 질리도록 읽었다. 제발, 제발 하나님을 그런 식으로 생각하지 말기 바란다! 예수님은 이 이야기를 통해서 하나님이 그 고약한 재판관과 같다고 말씀하신 것이 절대로 아니다.

기도에 응답하시는 우리 하나님

그렇다면 이 이야기의 의미는 무엇인가? 예수님은 이야기를 마치자마자 직접 해석을 해주셨다. 이제 당신은 이 불의한 재판관이 어떻게 행동했는지를 보았다. 그럼 이번에는 하나님의 방법을 살펴보자. "하나님께서 자기에게 밤낮으로 부르짖는, 택하신 백성의 권리를 찾아 주시지 않으시고, 모른 체하고 오래 그들을 내버려 두시겠느냐? 내가 너희에게 말한다. 하나님께서는 얼른 그들의 권리를 찾아 주실 것이다"(7-8절).

풍유란 이야기 속의 각 요소가 이야기 밖에 있는 현실의 각 요소를 상징하는 것을 말한다. 그러므로 예수님의 말씀대로라면, 이 이야기는 풍유가 아니라 비유다. 이야기 속에 뭔가 어리둥절한 요소가 있어서 듣는 이로 하여금 곰곰이 생각하게 만드는 짤막한 이야기 말이다. 특히 이 비유는 서로 반대되는 사실을 말하고 있다. 어떻게 상반되는지 한번 살펴보자.

첫째로, 우리는 이 과부와 같지 않다. 오히려 완전히 정반대다. 그녀는 가난하고 무력하며, 남들에게 잊혀지고 버림받은 사람이다. 이 재판관과는 아무런 연줄도 없다. 재판관이 볼 때 그녀는 단지 처리해야 할 항목 중 하나일 따름이다. 하지만 우리는 버려진 사람들이 아니다. 우리는 하나님께 입양된 하나님의 아들딸들이며 예수님의 형제자매다. 우리는 하나님의 가족이며 하나님께 중요한 존재들이다. 그러므로 하나님의 관심을 끄는 비결을 찾아내려고 애쓰면서 하나님의 임재 안으로 발꿈치를 들고 살살 걸어가지 말라. 그냥 "하나님, 안녕하세요"라고 당당히 말하라. 그리고 하나님은 당신의 목소리를 듣고 싶어하신다는 사실을 명심하라.

두 번째로, 우리의 사랑 많으신 하늘 아버지는 예수님의 이야기 속에 등장하는 이 재판관과 닮은 점이 전혀 없다! 이 재판관은 삐딱하고 불의하고 불공평하며, 사람을 무시하고 돌보지 않았을 뿐 아니라, 자기 개인사에만 열중해 있었다. 이와 반대로 우리 하나님은 의로우시고 정의로우시며, 거룩하시고 온유하시다. 또한 항상 우리를 응대하시고 동정하신다.

시편 기자는 이렇게 말한다. "너희는 여호와의 선하심을 맛보아 알지어다"(시 34:8, 개역 성경). 하나님한테서 축복을 억지로 받아 내려는 방법, 하나님 혼자만 간직하고 싶어하는 것을 내놓게 만드는 묘수를 찾겠다는 생각은 추호도 하지 말라. 하나님은 자신의 자녀들에게 복 내려 주기를 기뻐하신다. 하나님의 말씀인 성경이 그렇게 가르치고 있다. 그게 하나님의 본성이다. 하나님 자체가 바로, 내어주는 하나님, 축복하시는 하나님, 격려하시는 하나님, 양육하시는 하나님, 힘을 불어넣어 주시는 하나님, 사랑해 주시는 하나님인 것이다.

풍성한 축복

지금까지 나는 신학적으로 아주 명료한 진리를 체험한 적이 여러 번 있는데, 그 중 한 번은 아들에게 자전거를 사 주었을 때였다. 녀석은 스스로도 흥분했다고 생각하고 있었고, 내가 봐도 정말로 흥분해 있었다! 하지만 자전거를 산 첫날, 그 애가 자전거를 타고 현관 앞길을 달려 내려가는 모습을 지켜보던 나는, 집으로 들어오면서 눈물이 글썽해졌다. 그러고는 아내 린에게 이렇게 말했다. "저 자전거가 50만 원짜리였다 해도 그 값어치가 있었을 거요. 저 녀석한테 뭔가를 선물했다는 사실이 이렇게 기쁠 수가 없구려!" 아들이 두 눈을 똥그렇게 뜨고 신나게 자전거 타는 모습을 보노라니, 나는 소름이 돋을 정도였다. 바로 그 때 거기서, 나는 나중에 그 애한테 할리 데이비슨 오토바이를 사 줄 계획을 짜기 시작했다. 자동차를 사 줄 계획까지도!

지난 세월 동안 나는 부모들이 이렇게 불평하는 말들을 들었다. "자식놈들이 대학 시험을 쳤으니, 돈을 내놓아야지 어쩌겠습니까?" 괜히 아까운 척 엄살 피우는 게 아닌가 싶다. 나 개인적으로는 우리 아이들에게 대학 교육을 시키는 것이 아주 큰 기쁨이었다. 나와 아내가 치른 희생은 우리 아이들이 인생에서 얻은 성장과 발전에 비하면 아무것도 아니었다.

책을 통해서 이런 감정을 배운 것은 아니다. 그냥 그렇게 느껴지는 것이다. 나는 자식들에게 무엇이든지 주고 싶어 어쩔 줄 모른다. 그러다 보니 하나님도 자신의 자녀들에게 온갖 자원과 능력을 베풀어 주기를 무척 기뻐하신다는 사실을 이해하게 되었다.

우리가 섬기는 하나님은 우리에게 그저 축복을 쏟아부어 줄 기회를 찾으시는 하나님이라고 성경은 가르친다. 마치 하나님은 이렇게 말씀하시는 듯하다. "내게 있는 자원들을 내 자녀들에게 나눠 주지 않는다면 무슨 소용이 있겠는가? 그저 너희가 나에게 적절히 협조하기만 한다면, 너희들에게 축복을 쏟아부어 주마." 이 주제는 성경이 계속 말하고 또 말하는 주제다.

레위기 26:3-6은 이렇게 말하고 있다.

> 너희가, 내가 세운 규례를 따르고, 내가 명한 계명을 그대로 받들어 지키면, 나는 철 따라 너희에게 비를 내리겠다. 땅은 소출을 내고, 들의 나무들은 열매를 맺을 것이다. 너희는, 거두어들인 곡식이 너무 많아서 포도를 딸 무렵에 가서야 타작을 겨우 끝낼 것이며, 포도도 너무 많이 달려서 씨앗을 뿌릴 때가 되어야 포도 따는 일을 겨우 끝낼 것이다. 너희는 배불리 먹고, 너희 땅에서 안전하게 살 것이다. 내가 땅을 평화롭게 하겠다. 너희는 두 다리를 쭉 뻗고 잘 것이며, 아무도 너희를 위협하지 못할 것이다. 나는 그 땅에서 사나운 짐승들을 없애고, 칼이 너희

의 땅에서 설치지 못하게 하겠다.

신명기 28:2-6, 12은 이렇게 말한다.

당신들이 주 당신들의 하나님의 말씀에 순종하면, 이 모든 복이 당신들에게 찾아와서 당신들을 따를 것입니다. 당신들은 성읍에서도 복을 받고, 들에서도 복을 받을 것입니다. 당신들의 태가 복을 받아 자식을 많이 낳고, 땅이 복을 받아 열매를 풍성하게 내고, 집짐승이 복을 받아 번식할 것이니, 소도 많아지고 양도 새끼를 많이 낳을 것입니다. 당신들의 곡식 광주리도 반죽 그릇도 복을 받을 것입니다. 당신들은 들어와도 복을 받고, 나가도 복을 받을 것입니다.…당신들에게 대항하는 적들이 일어나도, 주님께서는 당신들이 보는 앞에서 그들을 치실 것이니…주님께서는, 그 풍성한 보물 창고 하늘을 여시고, 철을 따라서 당신들 밭에 비를 내려 주시고, 당신들이 하는 모든 일에 복을 주실 것입니다. 그러므로 당신들은 많은 민족에게 꾸어 주기는 하여도 꾸지는 않을 것입니다.

다윗이 밧세바와 간음한 사실을 고백한 직후에 나단 선지자가 다윗 왕에게 한 말은 특히나 신랄하다.

주 이스라엘의 하나님이 이렇게 말씀하십니다. "내가 너에게 기름을 부어서, 이스라엘의 왕으로 삼았고, 또 내가 사울의 손에서 너를 구하여 주었다.…이스라엘 사람들과 유다 나라도 너에게 맡겼다. 그것으로도 부족하다면, 내가 네게 무엇이든지 더 주었을 것이다. 그런데도 너는, 어찌하여 나 주의 말을 가볍게 여기고, 내가 악하게 여기는 일을 하였느냐?"(삼하 12:7-9)

다시 말해서 "다윗아. 나는 온갖 은혜와 축복과 자원과 권력을 다 가지고 있고, 그것을 네 삶에 쏟아부어 주려 했다. 그런데 네가 어찌하여 일을 엉망으로 만드느냐?"고 말씀하신 것이다.

부요한 유산

구약 성경 전체에 걸쳐서 발견되는 주제는 바로, 하나님은 자신의 자원을 자기 백성에게 기꺼이 다 나눠 주실 준비가 되어 있다는 사실이다. 신약에 오면 이 개념은 더 확장되고 더 구체적으로 나타난다. 신약에서는 우리가 하나님의 아들딸들로 입양되었으며, 하나님의 영광스러운 천국을 예수님과 함께 유산으로 받을 상속자라는 사실을 알게 된다.

예수님은 우리에게 하나님을 **아버지**라고, 아니 사실은 **아빠**라고 부르라고 가르치셨다. 기독교 교회에서 가장 많이 반복되는 기도는 이렇게 시작된다. "[하늘에 계신] 우리 아버지…." 하나님은 사랑 안에서 "예수 그리스도를 통하여 우리를 하나님의 자녀로 삼으시기로 예정하신" 것이다(엡 1:5). 즉 "여러분 각 사람은 이제 종이 아니라 자녀입니다. 자녀이면, 하나님께서 세워 주신 상속자이기도 합니다"(갈 4:7).

로마서 8:16-17에서 바울은 이렇게 썼다. "바로 그 때에 그 성령이 우리의 영과 함께, 우리가 하나님의 자녀임을 증언하십니다. 자녀이면 상속자이기도 합니다. 우리가 그리스도와 함께 영광을 받으려고 그와 함께 고난을 받으면, 우리는 하나님이 정하신 상속자요, 그리스도와 더불어 공동 상속자입니다."

얼마나 환상적인 약속인가! 하나님은 우리를 아들딸로 입양하셨기 때문에, 우리를 당신의 복으로 감싸 주실 것이다! 우리는 하나님의 자녀요 법정 상속자로서, 이 세상과 우주를 소유한 자들이다! 그런데 우리 아버지께 필요를 아뢰는 것을 두려워해서야 되겠는가?

관대한 아버지들

나는 아버지 것이면 무엇이든지, 나도 쓸 수 있었다. 내가 제대로 다룰 능력만 되면 말이다. 아버지가 가장 소중히 여기시던 물건 중에 약 14m 되는 보트가 있었는데, 내가 중학교 2학년이 되자 아빠는 내게 이렇게 말씀하시곤 했다. "네 친구 한 명 데리고 사우스 헤이븐(South Haven)으로 나가서 보트를 띄워 보지 그러니?" 그리고 형과 내가 운전 면허증을 따자, 마찬가지로 아버지는 너그럽게 우리에게 차를 내주셨다. 아버지가 새 차를 뽑으셨다면, 아마도 집에 와서 가장 먼저, 우리 형제에게 자동차 열쇠를 하나씩 내주면서 이렇게 말씀하셨으리라. "한번 몰아 보렴. 데이트할 때 몰고 나가고 싶으면, 그렇게들 하려무나."

대부분의 아버지는 자녀들을 즐거이 관대하게 대한다. 예수님은 이 점을 잘 알고 계셨고, 그렇기 때문에 하나님의 관대하심을 설명하실 때 아버지들을 비유로 사용하신 것이다.

> 너희 가운데서 아들이 빵을 달라고 하는데 돌을 줄 사람이 어디에 있으며, 생선을 달라고 하는데 뱀을 줄 사람이 어디에 있겠느냐? 너희가 악해도 너희 자녀에게 좋은 것을 줄 줄 알거든, 하물며 하늘에 계신 너희 아버지께서, 구하는 사람에게 좋은 것을 주지 아니하시겠느냐?(마 7:9-11)

예수님이 묘사하시는 상황을 눈앞에 그려 보자. 이 아들은 하루 종일 밖에 나가 일을 했고, 집에 돌아오니 허기가 졌다. 가족들은 식사 중이고, 김이 모락모락 나는 맛있는 음식이 각자에게 돌아가고 있다. 그 때 아버지가 이 아들에게 돌덩이 하나를 던져 주면서 이렇게 말한다. "여기 있다, 이거나 씹어라." 혹은 더 심한 경우로, 그 아들에게 독 오른 뱀을 던져 주는 아버지. 그런 아버지를 상상이나 할 수 있겠는가? 지구상에 있는 아버지치고 완벽한 아버지는 없다. 우리는 모두 죄로 얼룩져 있기 때문이다. 하지만 아무리 그렇다 해도 이런 아버지는 잔인하다고 우리는 생각한다. 좋은 아버지는 자기 자녀들에게 좋은 선물을 주고 싶어한다. 하늘에 계신 우리 아버지도 마찬가지시다.

우리 아버지의 기쁨

그런데도 무슨 이유에선지 우리들 대부분은 하나님이 선물을 주실 때, 그것을 받기 어려워한다. 과거에 나는 하나님이 내게 복—성령의 특별한 은총을 주신다든지, 내가 바라던 물질적인 것을 주신다든지, 혹은 누군가와의 새롭고 따스한 관계를 허락해 주시는 등의 복—을 주시면 이런 느낌이 들었던 것을 선명하게 기억한다. '하나님께 뭔가 혼선이 생겼나 봐. 왜 나한테 이런 대접을?' 사실 그런 행운에 대해 나는 죄책감을 갖곤 했다. 마치 하나님은 내가 그걸 갖는 걸 원치 않으시는데 어쩌다가 내가 얻게 된 것인 양 말이다.

나는 하나님을 믿어 드리는 법을 지금도 계속 배우고 있다. 불완전한 아버지들도 자기 자녀들에게 복 주기를 좋아할진대, 하늘에 계신 완전한 우리 아버지는 자신의 사랑하는 자녀인 우리에게 좋은 선물 주는 것을 얼마나 좋아하시겠는가.

제2장 서두에 적혀 있던 말들을 다시 한 번 살펴보라. 우리가 한두 번씩은 다 했던 말들이다. 그 말들이 인간의 아버지들이 취하는 태도를 대변하는 거라면, 얼마나 모진 말들인지 생각해 보라.

□ 아빠는 회사에서 아주 바쁘다. 네 잃어버린 자전거나 불공평한 선생님에 대한 이야기 따위는 듣고 싶지 않아.

□ 네 개인적인 필요들 때문에 나를 귀찮게 하지 말아줘. 난 너만 제외하고 나머지 모든 사람들은 다 보살펴 주고 싶어. 네가 정말로 나를 사랑한다면, 빵과 물만으로도 버틸 게다.

□ 물론 난 부자지만, 그렇다고 네게 무언가를 주어야 할 이유는 전혀 없지 않니? 저리 비켜라.

좋은 아버지들은 이렇게 말하지 않는다. 좋은 아버지는 우리 아버지와 비슷하다. 아버지는 온갖 나라로 출장을 다니던 바쁜 분이셨다. 사무실에 계실 때도, 전화 교환대와 여러 명의 비서들을 통과하기란 쉽지 않은 일이었다. 그래서 아버지는 자신이 선별하신 소수의 사업 파트너들과 아내—**그리고 자녀들인 우리**—에게 개인 전화번호를 가르쳐 주셨다. 우리는 알고 있었다. 아버지가 아무리 바빠도, 우리는 언제든 아버지께 전화를 걸 수 있고, 그러면 분명히 아버지와 통화할 수 있다는 사실을.

나 또한 바로 내 책상 위에 개인 전화를 두고 있다. 이 번호는 내 동료들이 위급할 때 나에게 전화할 수 있도록 그들에게 알려 주었고, 또 아내와 아이들에게도 알려 주었다. 우리 아이들에게는 언제든지, 무슨 일로든 전화해도 좋다고 말해 주었다. 이건 진심인데, 내 귀에는 그 누구의 목소리보다도 우리 아이들의 목소리가 가장 달콤하게 들린다. "아빠, 안녕하세요"라는 목소리가 들려오면, 하고 있던 일은 안중에 없어진다. 그건 얼마든지 중단할 수 있다. 우리 아이들은 내게 절대적인 우선 순위다.

자, 이제 자식을 향한 아버지의 마음을 숫자로 쓰고, 거기에다가 그 숫자만큼 제곱을 붙여 보라. 그 수치가 바로 당신을 향한 하나님의 마음이라는 것을 알게 될 것이다. 하나님의 귀에는 당신의 목소리보다 더 달콤한 목소리가 없다. 당신의 요청에 온전히 귀기울이고 계신 하나님의 관심을 빼앗을 수 있는 것은 우주에 아무것도 없다.

당신이 하나님께 그런 요청을 아뢰는 데 방해가 되는 요소들은 무엇인가?

묵상과 토론을 위한 질문들

1. 당신은 당신의 문제를 하나님께 아뢰는 것이 편한가, 불편한가? 왜 그런지 말해 보라.

2. 과부와 재판관의 비유(눅 18:2-8)에 대한 저자의 해석을 읽고 나서, 기도에 대한 당신의 태도에 어떤 변화가 생겼는가?

3. 이 장을 읽고 나서, 하나님의 성품에 대해 새롭게 알게 된 점이 있다면 무엇인가?

4. 우리를 향한 하나님의 너그러우심과 자녀들을 향한 부모들의 너그러움을 비교해 보라. 어떤 비슷한 점이 있는가? 또 어떤 차이점이 있는가?

3 하나님은 하실 수 있다

당신이 인생에서 하나님께 딱 한 가지 기적을 요구할 수 있다면, 그리고 하나님이 그 요구를 들어주신다면, 당신은 무엇을 구하겠는가?

□ 깨어진 결혼 관계를 다시 회복시켜 달라고?
□ 직장과 관련해서 변화를 일으켜 달라고?
□ 집을 나가 방황하고 있는 자녀가 돌아오게 해 달라고?
□ 당신의 병을 고쳐 달라고?
□ 경제적인 문제를 해결해 달라고?
□ 당신이 사랑하는 사람이 그리스도께로 돌아오게 해 달라고?

당신은 하나님이 당신의 상황에 개입해 주실 것을 신뢰하면서, 요청 사항이 무엇이든 간에 그것을 규칙적으로, 부지런히, 하루도 빼놓지 않고, 기도를 통해 하나님께 내어 드리고 있는가? 그러지 않는다면, 그 이유는 무엇인가?

하나님이 내 문제를 해결해 주실 수 있을까?

우리는 대부분 마음 가장 깊은 곳에 있는 필요들을 놓고 자주 기도하지 않는 게 사실이다. 쉽게 마음이 약해지곤 하기 때문이다. 기도를 시작은 하는데, 이내 마음이 겉돌기 시작하고, 어느새 공허한 말만 나열하고 있음을 깨닫게 된다. 기도 소리는 공허하고 피상적으로 느껴지고, 결국 위선이 아닌가 하는 생각이 들기 시작한다. 그래서 곧 기도를 포기하고 만다. 아무 효과도 없는 기도를 계속 하느니, 웬만하면 어려운 상황들을 그냥 견디며 사는 게 낫겠다 싶은 것이다.

우리는 하나님이 그 사랑 많으신 두 팔을 우리에게 벌리고 계시다는 사실을 알기 때문에 하나님께 손을 내민다. 하지만 그러다가는 한 발짝 물러서서 우리의 어려움을 우리 힘으로 맞서 보려 하는 경우가 종종 있다. 왜냐하면 기본적으로, 아니면 어떤 무의식적인 차원에서, 우리는 우리가 직면하고 있는 문제들에 대해 하나님이 정말 변화를 일으키실 수 있는 분인지 의심하기 때문이다.

하나님이 우리를 사랑하시고 우리를 돕기 원하신다는 사실을 믿는 건 좋다. 하지만 한 가지 질문이 남는다. 과연 하나님은 그렇게 할 **능력이 있는** 분이신가 하는 것이다. 왜냐하면 하나님이 그럴 **능력이 없는** 분이시라면, 아무리 천지간에 좋은 마음을 품으신다 한들 말짱 헛것이기 때문이다.

우리 미국은 경제적 난국에 빠져 허우적거린 지가 꽤 오래되었다.

연방 정부의 적자는 30년 동안 우리를 괴롭혀 왔고, 빈부 격차도 더욱 심해졌다. 최고 경영자들은 어마어마한 월급을 받는 반면, 대량 정리 해고는 날로 배가되고, 비숙련공들은 남부럽지 않을 만큼 넉넉한 임금이 보장되는 직장을 찾지 못하고 있으며, 복지 정책도 넘쳐나는 도시 빈민 문제에 대처하지 못하고 있다. 하지만 경제적, 사회적 여건이 이렇게 위험스러워도, 내게 와서 뭔가 조치를 취해 달라고 간곡히 부탁하는 사람은 단 한 명도 없었다. 당연하다. 내게는 이 경제 난국을 타개할 국가 정책에 변화를 일으킬 수 있는 능력이 전혀 없으니 말이다. 나더러 힘 좀 써 보라고 부탁하는 건 시간 낭비일 뿐이다. 그러니 아무도 그러지 않는다. 문제가 아무리 심각하고 점점 더 커져도 말이다.

우리가 사는 세계는 중동, 발칸, 북아일랜드, 동남아시아 일부, 아프리카 그리고 한국 등 곳곳이 해마다 전쟁과 내분으로 갈라지고 있다. 부패한 정부, 인권 유린, 말로 안 되면 무력으로 밀어붙이는 행동 등도 해마다 엄청나게 많은 인명을 앗아가는 데 한몫 하고 있다. 하지만 이렇게 통탄할 사태에 대해서도 내게 뭔가 행동을 취해 달라고 부탁하는 사람은 한 명도 없었다. 왜? 아무리 이 땅에 평화가 절실히 필요하다 해도, 그 평화를 가져다 줄 능력이 내겐 전혀 없기 때문이다.

마음에서 우러나는 믿음

많은 사람들은 개인적으로 절박한 필요들도 있고, 삶을 파괴하는 심각한 문제들도 있지만, 그래도 하나님께 도움을 요청하지 않는다. 왜냐하면, 우리의 믿음과 신뢰의 표면 아래 있는 의식 어디쯤에서는,

하나님이 그런 것들에 대해 무엇이든 하실 수 있는 능력이 있다고 믿지 않기 때문이다.

사실, 하나님은 우리가 하나님께로 가져갈 수 있는 문제라면 무엇이든 다룰 수 있는 분이시다. 무수한 행성을 창조하는 일도 하나님한테는 문제가 아니었고, 죽은 자를 살리는 일도 그랬다. 하나님이 다루지 못할 만큼 어려운 일은 세상에 없다. 하지만 하나님은 우리가 하나님의 능력을 인정하고 도움을 요청하기를 기다리신다.

나는 쉽게 약해지곤 하는 내 기도 생활에 대해서 이렇게 변명했었다. '무던히도 감내하며 기도하는 본을 보여 주는 사람이 없어', '내가 책임지고 해 내야 할 일이 너무 많아서 기도할 시간을 제대로 확보할 수가 없어'라고. 하지만 하나님은 내가 스스로에게 솔직하지 않음을 확실하게 보여 주셨다. 내 기도가 나약할 수밖에 없는 진짜 이유는 내 믿음이 나약하기 때문이었다.

나도 머리로는 늘 하나님이 전능하시다고 믿어 왔다. 그 점에 관해서는 글도 쓰고 설교도 했다. 하지만 정작 이 믿음을 꼭 새겨야 할 곳—바로 내 마음—에는 새기지 않았다. 내 마음이 설복되지 않을 때는 내 어려운 상황을 놓고 기도하지도 않고 내 절박한 필요들을 채워 달라고 간구하지도 않는다. 내 마음 깊은 곳 어디에선가는 그런 문제들에 관해 하나님이 무엇이든 하실 수 있는 분이라고 믿지 않는 것이다.

여름마다 갖는 연구 휴가 때가 되면, 나는 미시간 주, 사우스 헤이븐에 있는 부두가 내려다보이는 작은 연구실에서 매일 여러 시간 독서와 계획 짜기 그리고 기도를 한다. 그러던 어느 날 아침, 해변을 찰싹거리는 파도를 바라보다가, 내 기도 생활에서 무엇이 문제인지를 깨닫게 되었다. 내 주변에 널려 있는 어수선한 문제들을 하나님이 해결해 주실 수 있다는 것을 마음으로는 믿지 않았던 것이다. 하나님 앞에서 이 사실을 인정하는 것이 당혹스럽긴 했지만, 인정하고 나니 깨끗이 씻겨지는 느낌이었다.

나는 내 현주소—실제적인 의미에서 하나님의 전능하심을 불신했던 그 모든 것들—에 머무르지 않기로 결심했다. 나는 확신 없는 내 태도에 일격을 가하기로 했다. 성경을 펴고, 하나님은 하고자 하면 무엇이든 하실 수 있는 능력이 있다는 점을 강조하는 성경 구절을 거의 다 찾아보았다.

자연을 정복하신 하나님의 능력

나는 먼저 자연을 정복하신 하나님의 능력을 보여 주는 구절들을 살펴보았다.

하나님이 바다든 강이든 갈라야겠다고 결심을 하시면, 결국 가르셨다(출 14장; 수 3장). 자기 백성이 배고파할 때는 하늘에서 음식을 내려 주시기도 했고, 혹은 떡과 물고기가 엄청나게 불어나게도 하셨다(출 16장; 요 6:1-13). 폭풍우로 제자들의 목숨이 위태로워지자, 하나님은 폭풍우를 잠잠케 하셨고(막 4:35-41), 이스라엘 군대가 노획물을 취할 시간을 좀더 필요로 하자, 낮 시간을 늘려 주기도 하셨다(수 10:12-14).

특별히 내가 좋아하는 사건은 모세와 관련된 것이다. 이스라엘 백성들이 목말라하자, 모세는 몹시 당황했다(출 17:1-7). 그는 백성들에게 물이 필요하다는 사실을 하나님께 아뢰었고, 하나님은 "저기 바위가 보이지?"라고 말씀하셨다.

상상컨대 모세는 이렇게 말했을 것이다. "예. 그런데 그 바위가 물과 무슨 상관이죠? 저희에겐 물이 필요한데, 그러면 땅을 보라고 하셔야죠."

하나님이 대답하셨다. "아니다. 난 너희 백성들이 수맥이 있는 땅 주변을 얼쩡거리다가 물을 발견했다고 생각하는 걸 원치 않는다. 자연을 정복하는 능력이 누구에게 있는지 너희에게 알려 주고 싶구나. 그 바짝 마른 바위 옆쪽에서 물이 나오게 해주마." 그리고 하나님은 그렇게 하셨다.

나는 자연을 정복하시는 하나님의 능력에 관한 이야기들을 읽고 또 읽었다. 그리고 그 사건들이 실제로 역사 속에서 일어났다는 사실을 다시 한 번 확신하였다.

상황을 정복하시는 하나님의 능력

다음으로 나는 불가능한 상황을 변화시키시는 하나님의 능력을 살펴보았다.

첫 오순절에 성령님이 신자들에게 강림하셨을 때, 많은 신자들은 밖으로 나가, 그리스도가 죽은 자 가운데서 다시 살아나셨고 그분만이 세상의 구원자라고 전파했다. 그 결과 수천 명이 이 새로운 기독교 운동으로 개종하였다. 이 때문에 로마 관리들과 전통적인 유대 지도자들은 긴장하게 되었다. 군중들이 기독교 설교가들에게 뜨거운 반응을 보이자, 이들은 위협감을 느꼈고, 자기들의 권위가 실추될까 봐 두려워했다.

그래서 로마와 유대의 지도자들은 이 운동을 방해하였다. 먼저 그들은 걸출한 그리스도인 몇 명을 체포하고 그들을 공개석상에서 꾸짖었다. 하지만 아무 소용이 없었다. 이 그리스도인들은 말하기를, 자기들이 보고 들은 것을 말하지 않을 수 없노라고 했다.

그러자 다음으로, 관리들은 몇몇 제자들을 잡아다가 고문한 뒤 감옥에 가두어 버렸다. 하지만 이 역시 효과가 오래 가지 못했다. 제자들은 일단 석방되자 훨씬 더 담대하게 그리스도를 전했다.

드디어 예루살렘의 총독이었던 헤롯 아그립바는 요한의 동생인 사도 야고보를 체포한 뒤 처형시켰다. 그리고 베드로도 잡아 죽일 계획을 세웠다(행 12장).

그러나 베드로는 유월절 기간에 체포되었는데, 그것은 헤롯의 계획에 차질을 빚는 것이었다. 유대 전통을 존중했던 그는 사도 베드로를 유월절 기간에 처형하고 싶지는 않았다. 그래서 베드로는 사형에 처해지기 전 며칠 동안 감옥에 갇히는 신세가 되었다.

그리스도인들이 혹시라도 그들의 지도자를 탈옥시킬까 봐, 헤롯은 베드로를 단단히 지키게 했다. 로마 군인 16명을 배정해서 그를 지키게 했고, 그 중 한 사람은 베드로의 왼손에 또 한 사람은 베드로의 오른손에 묶어 놓았다. 감옥으로 들어가는 입구에는 보초들을 세워 두었다.

베드로의 그리스도인 동지들은 함께 모여서 감옥을 부술 계획을 세우지 않았다. 인간적인 책략은 전부 무용지물이라는 것을 잘 알고 있었기에 그들은 기도했다. 하지만 베드로는 여전히 옥에 갇혀 있었고, 재판날은 점점 다가오고 있었다.

하나님의 놀라운 응답

베드로의 재판과 사형이 예정된 하루 전날, 그리스도인들은 요한 마가의 어머니인 마리아의 집에 모여서 철야 기도를 했다. 한편, 죽든지 살든지 그리스도 안에서 확신에 차 있던 베드로는 함께 차꼬를 찬 간수들 사이에서 자고 있었다.

그런데 갑자기 주님의 천사가 나타나고, 감방에 빛이 환히 비치었다. 천사가 베드로의 옆구리를 쳐서 깨우고 말하기를 "빨리 일어서라" 하였다. 그러자 쇠사슬이 그의 두 손목에서 풀렸다. 천사가 베드로에게 "띠를 띠고, 신을 신어라" 하고 말하니, 베드로가 그대로 하였다. 또 천사가 그에게 "겉옷을 두르고, 나를 따라오너라" 하니, 베드로가 감방에서 나와서, 천사를 따라갔다. 베드로는 천사가 하는 일이 참인 줄 모르고, 자기가 환상을 보고 있는 것이라고 생각하였다. 그들이 첫째 초소와 둘째 초소를 지나서, 시내로 통하는 철문에 이르니, 문이 저절로 열렸다. 그래서 그들은 바깥으로 나와서, 거리를 하나 지났다. 그 때에 갑자기 천사가 떠나갔다(행 12:7-10).

어안이 벙벙해진 베드로는 주위를 둘러보았다. 이게 꿈인가 생시인가? 그는 풀려난 것인가? 천사가 정말로 감옥 문들을 열었단 말인가? 모든 사실이 분명해지자, 그는 곧장 신자들이 모여 있는 곳으로 달려갔다.

베드로가 문을 두드리는 소리에 어린 여종이 맞으러 나왔다. 그의 목소리를 알아들은 여종은 너무 기뻐 소리를 지르면서, 기도하고 있는 성도들에게 달려가 자기들의 기도가 응답되었노라고 말했다.

> 사람들이 여종에게 "네가 미쳤구나" 하고 말하자, 여종은 참말이라고 우겼다. 그러자 그들은 "베드로의 천사일 거야"라고 말하였다. 그 동안에 베드로가 줄곧 문을 두드리니, 사람들이 문을 열어서 베드로를 보고, 깜짝 놀랐다(15-16절).

하나님이 우리의 기도에 응답하사 상황을 기적적으로 조정해 주시리라는 기대를 별로 하지 않는다는 점에서는 초대 그리스도인들도 현대 그리스도인들과 별 다를 바가 없었다. 하지만 그들은 어쨌든 기도했고, 하나님은 다소 불완전했던 그들의 믿음에 응답해 주셨다. 위로가 되는 비전을 보내 주심으로써가 아니라 역사를 바꿔 주심으로써 말이다.

마음을 변화시키는 하나님의 능력

나는 또한 사람들의 마음을 변화시키는 하나님의 능력이 드러난 구절들을 살펴보았다.

하나님은 내성적인 모세를 지도자로 만들 능력이 있으셨고(출 3-4

장), 완악한 바로의 마음을 누그러뜨릴 수 있는 능력(출 11:1-8)과 낙심한 엘리야가 포기하지 않도록 지켜 줄 수 있는 능력(왕상 19:15), 광분한 박해자 사울을 온 세계를 돌아다니는 사도로 바꾸는 능력(행 9:1-31)이 있으셨다.

다시 사도 베드로를 살펴보면, 하나님이 그의 삶 속에 가져다 주신 엄청난 변화를 볼 수 있다. 베드로는 감방에 갇혀 있으면서도, 심지어 내일이면 죽게 될 거라는 생각을 하면서도, 얼마나 믿음과 평강이 충만했던지 아주 깊이 잠을 잘 수 있었다. 10-15년 전만 해도 베드로는 전혀 다른 사람이었다.

예수님이 한밤중에 붙잡혀서 종교 지도자들과 정부 지도자들 앞에 끌려가시던 날, 대부분의 제자들은 겁에 질려 달아나 버렸다. 하지만 베드로는 신의를 지켜서, 대제사장의 뜰 안까지 주님을 따라갔다. 하지만 거기서 그는 용기를 잃고 말았다. 그는 이렇게 생각했다. "저들은 예수님을 죽일 거야. 그러고 나서 예수님의 친구들을 찾아나서겠지. 그렇다면 연극을 좀 해야겠군."

그리하여 아무도 베드로의 목숨을 위협하지 않았음에도 불구하고, 그는 지레 겁을 먹고 말투를 바꾸어 보기도 했으나 소용이 없었다. 그리고 한 무리의 종들에게, 자기는 예수님과 아무 관련이 없다고 강변했다.

예수님은 베드로가 자신을 부인할 것도 아셨고, 겁쟁이 베드로가 하나님의 강한 능력으로 반석 같은 베드로가 되어 기독 교회사상 최초의 중요한 지도자가 될 것도 아셨다(마 16:18-19). 예수님이 잡히시고 베드로가 예수님을 부인하던 바로 그 날 밤, 예수님은 베드로에게 이렇게 말씀하셨다. "시몬아, 시몬아, 보아라. 사탄이 밀처럼 너희를 체질하려고 너희를 손아귀에 넣기를 요구하였다. 그러나 나는 네 믿음이 꺾이지 않도록, 너를 위하여 기도하였다. 네가 다시 돌아올 때에는, 네 형제를 굳세게 하여라"(눅 22:31-32).

예수님이 십자가에 달려 돌아가신 후, 베드로는 완전히 무너졌다. 스스로는 도저히 자신을 추스를 수가 없었다. 오직 하나님의 능력만이 그를 변화시킬 수 있었다. 그리고 사도행전에 나오는 대로, 그렇게 되었다.

나는 인간의 삶 속에서 역사하시는 하나님의 능력을 연구하면서, 다음과 같은 사실을 다시 한 번 확신하게 되었다. 즉, 하나님은 언제든지 원하시는 대로 그분의 길을 행하신다는 사실, 그리고 하나님이 마음만 먹으면 어떤 사람의 인생이든 변화시키실 수 있다는 사실을.

어제나 오늘이나 영원히 동일하신 하나님

내가 이 성경 구절들을 모조리 연구한 이유는, 단순히 하나님의 전능하심이라는 교리에 동의하는 것으로 끝내고 싶지 않았기 때문이다(그런 동의는 이미 했다). 나는 그 교리가 진정 **내 것**이 되기를 원했다. 이건 의미가 전혀 다르다. 나는 "다른 사람들이 어떻게 생각하느냐는 상관없다. 학자들의 견해도 상관없다. 다만 나는 하나님이 역사 속에서 자신의 전능하심을 보여 주셨다고 믿는다"고 말할 수 있기를 바랐다. 그리고 역사 속에 나타난 하나님의 전능하심이라는 교리를 내 것으로 삼는 것도 중요하지만, 그 교리를 오늘날 내가 살고 있는 동네에서, 나의 문제와 관심사들 속에서 내 것으로 삼는 것은 또 다른 문제다. 이 사실을 믿으려면, 하나님은 변하지 않는다는 사실, 즉 하나님은 **불변하시다**(immutable)는 사실을 믿어야 한다.

하나님의 불변하심이라는 교리는 다음의 성경 구절들에 확고하게 명시되어 있다. 말라기 3:6—"나 주는 변하지 않는다." 혹은 히브리서 13:8—"예수 그리스도께서는 어제나 오늘이나 영원히 한결같은 분이십니다." 하나님은 변하지 않으신다. 늙거나 힘이 쇠하지도 않으신다. "너는 알지 못하였느냐? 너는 듣지 못하였느냐? 주님은 영원하신 하나님이시다. 땅 끝까지 창조하신 분이시다. 그는 피곤을 느끼지 않으시며, 지칠 줄을 모르시며, 그 지혜가 무궁하신 분이시다"(사 40:28). 과거에 하나님이 자연을 다스리셨고, 사람들을 변화시켰으며, 상황을 바꿀 수 있는 능력이 있었다면, 현재도 여전히 그런 일을 하실 수 있다.

하나님은 하실 수 있다—성경은 이 사실을 계속 반복해서 말하고 있다. 하나님은 자신을 따르던 세 사람을 맹렬한 풀무 속에서도 건질 수 있었고(단 3:17), 다니엘을 사자굴에서 건질 수 있었으며(단 6:20-22), 아흔 살이 된 사라에게 아기를 주실 수도 있었다(롬 4:18-21). 자신을 따르는 자들이 필요로 하는 모든 것을 주실 수 있으며(고후 9:8), 예수님을 통해 하나님께로 나아오는 자들을 온전히 구원하실 수 있다(히 7:25). 하나님은 "우리가 구하거나 생각하는 것 이상으로 더욱 넘치게 주실 수 있는"(엡 3:20) 분이시다.

하나님은 하실 수 있다. 하나님이 이 진리를 내 마음에 각인시켜 주신 것처럼, 나도 이 말을 나무 판에 새겨서, 내가 무릎 꿇고 기도할 때마다 눈에 보이는 곳에 걸어 두었다. 나는 이렇게 기억을 상기시키는 도구를 소중히 여긴다. 왜냐하면 하나님이 내 기도에 응답하실 수 있다고 생각하지도 않으면서 기도하는 건 아무 소용이 없기 때문이다.

당신은 어떤 값을 치르더라도 하나님의 전능하심이라는 교리를 당신 것으로 만들기 바란다. 그 교리가 당신 것이 되기 전에는, 당신은 심약한 기도자가 될 수밖에 없을 것이다. 무릎을 꿇고 원하는 것 몇 가지를 아뢰기는 하겠지만, 당신의 마음속 깊은 곳에서 하나님은 하실 수 있다는 것을 알기 전까지는, 오래 견디며 기도할 수가 없을 것이다.

'기도의 용사'란 하나님이 전능하시다는 사실, 즉 하나님은 무엇이든 하실 수 있고 누구든 변화시킬 수 있으며 어떤 상황에든 개입할 수 있다는 사실을 확신하는 사람이다. 이 사실을 진정으로 믿는 사람은 하나님에 대한 의심을 단호히 거부한다.

당신을 향한 하나님의 개별적인 초청

하나님은 우리에게 좋은 선물들을 쏟아부어 주기를 간절히 바라신다. 이 점은 제2장에서 이미 살펴본 바 있다. 이제 우리는, 하나님이 우리에게 복주고 싶어하시는 분일 뿐만 아니라, 상상을 초월할 정도로 그렇게 해주실 능력도 크시다는 사실을 알게 되었다. 하지만 우주의 왕이신 하나님의 임재 속에 불청객으로 엄벙덤벙 끼어드는 게 아닌가 해서 아직도 주저하며 뒤로 물러서는 사람들이 있다.

더 이상 뒤로 물러서지 말라! 당신이 아무 때나 하나님을 부를 수 있도록 하나님은 그리스도를 통해서 당신에게 개인적으로 초대장을 발부하셨다. 사실 불청객으로서 하나님의 임재 속에 들어간다는 것은 불가능하다. 하나님의 말씀은 우리에게 "쉬지 말고 기도하라"(살전 5:17, 개역 성경)고 명하기 때문이다.

당신이 아직 그리스도인이 아니라면, 당신에게 보내는 예수님의 초대장에는 이렇게 쓰여 있다. "수고하며 무거운 짐을 진 사람은 모두 내게로 오너라. 내가 너희를 쉬게 하겠다. 나는 마음이 온유하고 겸손하니, 내 멍에를 메고 나한테 배워라. 그리하면 너희는 마음에 쉼을 얻을 것이다"(마 11:28-29).

당신이 이미 하나님의 자녀가 되었다면, 당신에게 주시는 기회는 활짝 열려 있다.

당신은 아무것이나 기도할 수 있다. "아무것도 염려하지 말고, 모든 일을 오직 기도와 간구로 하고, 여러분이 바라는 것을 감사하는 마음으로 하나님께 아뢰십시오"(빌 4:6).

겁먹을 필요도 없다. "그러므로 우리는 담대하게 은혜의 보좌로 나아갑시다. 그리하여 우리가 자비를 받고 은혜를 입어서, 제때에 주시는 도움을 받도록 합시다"(히 4:16).

또한 예수님의 이름으로 기도할지라도, 당신의 요청은 직접 하나님께로 올라간다. "내가 너희를 위하여 아버지께 구하겠다는 말이 아니다. 아버지께서는 친히 너희를 사랑하신다"(요 16:26-27).

하나님의 초청을 받아들이지 않는 것은 어리석은 행동이다. "여러분이 얻지 못하는 것은 구하지 않기 때문이요"(약 4:2).

하나님의 초청을 받아들이면 기적이 일어나기 시작한다. 당신의 삶에서—결혼 관계, 가정, 직장, 건강, 사역 그리고 예수님을 증거하는 삶에서—일어날 변화는 당신도 믿지 못할 정도일 것이다. 하나님은 그렇게 해주실 마음도 있고, 능력도 있고, 또 그 보좌 앞에 나아와 기도하라고 당신을 초대도 하셨다. 당신은 이 사실을 당신 존재의 중심으로부터 확실히 믿기만 하면 된다.

당신의 부름을 기다리시는 하나님

하나님은 당신의 기도에 관심이 많으시다. 왜냐하면 그분은 당신 자체에 관심이 많으시기 때문이다. 당신에게 중요한 것은 무엇이든 하나님께도 최우선적인 관심사가 된다. 오늘 당신의 삶에서 벌어지고 있는 일보다 하나님께 더 중요한 일은 지구상에 다시 없다. 당신은 하나님의 관심을 끌기 위해서 하나님을 귀찮게 할 필요가 없다. 어떤 일이 당신에게 정말 중요한 사안이라는 것을 보여 드리기 위해서 몇 시간을 무릎 꿇고 기도할 필요도, 자신에게 채찍을 가할 필요도, 금식을 할 필요도 없다. 하나님은 당신의 아버지시다. 그러므로 당신이 할 말이 있다면 당연히 듣고 싶어하신다. 사실 하나님은 당신이 불러 주기만을 기다리고 계신다.

만약 우리 아이가 나한테 전화를 해서 "아빠, 제발, 제발, 제발, 제발요. 제가 이렇게 빌고 애원하고 호소할 테니, 제발 저의 애절한 부탁을 좀 들어주세요"라고 말한다면, 나는 이렇게 말할 것이다. "그만해라. 네 말 저변에 깔린 의미가 난 싫다. 그렇게 통사정할 필요가 없단다. 내 인생에서 너보다 중요한 게 뭐가 있겠니? 네 필요를 채워 주는 것보다 더 기쁜 일이 어디 있겠니? 자, 내가 널 위해 뭘 해주랴?"

"나의 임재 속으로 들어오라"고 하나님은 말씀하신다. "나에게 말하렴. 너의 모든 걱정거리를 나에게 털어놓으렴. 나는 너에게 지대한 관심을 쏟고 있단다. 너의 아버지니까 말이야. 난 너를 도와줄 능력도 있어. 하늘과 땅의 모든 권세가 내 것이니까. 그리고 난 너의 목소리가 너무 듣고 싶어서 바짝 귀를 기울이고 있단다."

묵상과 토론을 위한 질문들

1. 당신은 자신의 깊은 필요들을 매일 하나님 앞에 가지고 나오는가? 왜 그러는가, 혹은 왜 그러지 않는가?

2. 어떤 그리스도인들은 하나님이 우리의 기도에 응답해 주고 싶어하신다고는 믿으면서도, 하나님이 그럴 능력이 있으신지에 대해서는 내심 의문스러워한다. 이렇게 그리스도인들이 하나님의 능력에 대해 의문을 가지게 되는 이유는 무엇이라고 생각하는가?

3. 하나님이 이 세상에서 그분의 뜻을 이루시는 데 방해가 되는 요인들이 있다면, 무엇이라고 생각하는가?

4. 기도와 믿음은 어떤 관계가 있는가? 히브리서 11:1, 8-18을 읽으라. 믿음이 있다면 우리의 기도 내용은 어떻게 달라져야 하겠는가?

5. 좀더 성실한 기도 생활을 위해서 당신에게 변화가 필요한 부분이 있다면 적어 보라.

대화로 초대하시는 하나님

기도는 인간의 자율성에 대한 도전이요 독립적인 삶에 대한
고발이다. 단호하게 자기 나름대로의 길을 가고 있는 바쁜 사람들에게
기도는 매우 황당한 방해꾼이 아닐 수 없다. 기도는 우리 인간의 교만한 본성과는
아주 이질적인 것이다.
그런데도 언제 어디선가, 어쩌면 우리 모두는
털썩 무릎을 꿇고 머리를 조아리며 오로지 하나님께만 관심을 기울인 채 기도할 수밖에 없는.시점에
다다른다. 혹시라도 누가 볼까 싶어
주변을 두리번거릴수도 있고,낯이 뜨거워질 수도 있다.
하지만 그 낯설음에도 불구하고 우리는 기도를 하는 것이다.
왜 우리는 기도에 마음이 끌리는 걸까?
여기에는 두 가지 설명이 가능하다.
하나님의 임재에 둘러싸여우리가 기도하는 이유는, 직관적으로건 경험적으로건 하나님과의 가장 친밀한 연합은
오로지 기도를 통해서만 얻을 수 있다는 것을 알고 있기 때문이다.
시련이나 시험을 당해본 사람들, 가슴아픈 일이나 슬픈 일, 혹은 실패나 낙담,
외로움이나 차별을 겪어본 사람들에게 물어보라. 그들이 마침내 무릎을 꿇고 주님께 마음을 쏟아
그들의 영혼에 무슨 일이 일어났는지를.

4 심령을 견고케 하는 기도 습관

하나님은 자신의 임재 안에 들어오라고 우리를 초청하셨다. 그분은 우리와 함께 계시고, 우리 안에 계신다고 말씀하셨다. 또한 우리가 하나님께 아뢰기를 기다리고 계시며, 우리에게 반드시 응답해 주실 능력이 있고, 또 응답해 주실 것이라고 말씀하셨다. 더 나아가서 하나님은 우리가 하나님의 복을 최대한으로 받기 위해서는 어떤 습관을 개발해야 하는지에 대해서도 말씀해 주셨다.

언젠가 내 친구 아버지가 급작스레 돌아가셔서, 슬퍼하는 그 친구를 도와준 적이 있었다. 함께 대화를 하던 중에 그 친구는 이렇게 말했다. "자네 아버지가 그렇게 일찍 돌아가셨을 때, 자네도 충격이 무척 컸겠군."

나는 이렇게 대답했다. "글쎄, 그렇기도 하고 아니기도 하고. 그 날 아침, 형한테 아버지가 심장마비로 방금 돌아가셨다는 소식을 들었을 때는 정말 충격이 컸지. 하지만 아버지가 그렇게 일찍 돌아가셨다는 사실은 별로 충격이 아니었다네."

아버지의 가계에는 끔찍스러운 심장 병력이 있었기 때문에, 아버지의 죽음은 예측 가능했다. 하지만 그보다 더 중요한 이유는, 아버지의 건강 관리 습관이 무척 형편없었다는 것이다. 아버지는 "난 기름기 많은 음식이 아니면 안 먹는다"고 말씀하시곤 했다. 운동도 안 하셨고, 잠 자는 시간도 일정치가 않았다. 그리고 어른이 된 후로는 늘 정신없이 바쁘고 스트레스가 많은 직장에 다니셨다.

아버지가 선택한 생활 방식 때문에 아버지는 늘 소화불량, 가슴앓이, 고혈압 등으로 고생하셨다. 몸무게도 정상치보다 9킬로그램이나 더 나가셨고, 빨리 걷지도 못했으며, 심각할 정도로 힘이 떨어지기도 하셨다. 돌아가실 무렵에는 그렇게 애지중지하던 보트의 돛을 손질하는 정도의 기본적인 허드렛일조차 못하셨다. 그런 나쁜 습관 때문에 아버지는 일찍 돌아가셨을 뿐만 아니라, 살아 생전에도 늘 편안치 못하셨다.

도깨비 방망이를 찾아서

육체와 마찬가지로 영혼도 건강을 유지하고 성장하는 데 반드시 필요한 요건들이 있다. 그런데 어떤 사람들은 영적으로 좋은 습관을 다지는 데 필요한 값을 지불하려 들지 않는다. 그들은 슬프게도 결국 영적인 질병, 심지어는 영적인 죽음이라는 값비싼 대가를 지불한다.

작년에 어느 한 남성이 절망에 빠져 나를 찾아와 이렇게 말했다. "직장을 잃었습니다. 몇 달 동안 다른 직장을 찾아보았지만, 소용이 없었습니다." 그런데 실업이 그의 최악의 문제가 아니었다. 그는 말을 계속 이었다. "이 어려움 속에서 전 너무나 외롭습니다. 교회 사람들도 모두 무관심하구요. 때로는 하나님도 제게 관심이 없는 것 같습니다. 전 완전히 무력감과 절망감을 느낍니다."

나는 그분에게 영적인 생활 습관은 어떤지 물어 보았다. 자기의 믿음을 키워 나가기 위해 책임감 있게 애쓰고 있는지? 얼마나 자주 기도하는지? 즉 얼마나 자주 하나님과 교통하며 하나님의 음성을 듣고 있는지? 예배에는 정규적으로 참석하는지? 영적 자세가 갖추어진 사람들과 꾸준히 교제를 하고 있는지? 손을 뻗어 다른 사람들의 필요를 채워 주고 있는지?

그 남성은 아니라고, 이런 일들을 전혀 하고 있지 않노라고 말했다. "시간을 낼 수가 없어서요"라고 해명하면서. 나는 현재 그가 실업자이고 독신이기 때문에, 다른 자원들보다도 시간만큼은 풍요롭다는 사실을 넌지시 일깨워 주었다. 그러자 그는 내가 전에도 다른 사람한테서 본 적이 있는 그런 표정을 지어 보였는데, 마치 이렇게 말하는 듯했다. "여보세요. 전 지금 힘들다니까요. 이렇게 운이 따라 주지 않는 시기에 저한테 가장 소용없는 게 뭔지 아세요? 바로 목사님들이 말씀하시는 '해야 할 일' 목록이라구요."

그 남성은 누군가가 도깨비 방망이를 휘둘러서 자기에게 용기를 가져다 주길 바랐다. 그는 삶 속에서 하나님의 임재를 원한다고 말은 했지만, 영적인 건강을 증진시켜 줄 좋은 영적인 습관을 다지는 건 원치 않았다.

훈련의 구속성

기도를 습관화하면, 우리는 지속적으로 하나님의 임재에 조율되고 하나님의 축복에 열려 있게 된다. 그렇다면 어떻게 기도를 습관화할 수 있겠는가? 예수님은 몇 가지 원칙을 세우셨는데, 그 원칙들을 살펴보기 전에 먼저 두 가지 경고를 해야겠다.

첫 번째 경고는 목록과 공식을 좋아하는 사람들을 향한 것이다. 대화 중에도 기록을 하고 독서할 때는 밑줄을 긋는 사람들, 그들은 이미 영적인 섭생도 열심히 실천하고 있을 것이다. 하지만 그런 사람은 의무감에 사로잡혀서 영적인 의무 조항을 더 늘리기 전에, 잠시 물러서 보라. 당신에게 필요한 것은 좀더 많은 습관인가, 아니면 좀더 효과적인 습관인가? 당신에게 필요한 것은 자신을 더욱 짓누르는 것인가, 아니면 무거운 짐을 예수님께로 가져가는 것인가?

내가 두려워하는 것은, 너무도 많은 신자들에게 영적인 훈련이 그만 온갖 요구 사항으로 가득한 구속으로 변질되어서, 삶과 신앙 속에 있는 활력, 즉흥성, 모험성을 다 쥐어짜 버리는 것이다. 종교는 무거운 짐이 되어 버린다. 하지만 대부분의 사람은 이런 식으로는 오래 살 수가 없다. 이런 식으로도 잘 살고 있는 사람들은 너무도 자기 의로 굳어진 나머지, 남들은 그들이 실패하기를 간절히 바라게 될 지경이다.

갈라디아서 5:1은 목록 만들기를 좋아하는 사람들에게 이렇게 경고한다. "그리스도께서 우리를 해방시켜 주셔서, 자유를 누리게 하셨습니다. 그러므로 굳게 서서, 다시는 종살이의 멍에를 메지 마십시오."

타협할 수 없는 결단

두 번째 경고는, 이와 반대지만 마찬가지로 위험한 우를 범하는 사람들을 향한 것이다. 그런 사람들은 이렇게 생각한다. '내 심령을 자라게 하기 위해서 무슨 체계나 철저한 습관 같은 건 필요 없어. 난 임기응변형이니까, 그저 영적인 흐름을 타는 거야. 흘러가는 대로 놔두고, 하나님이 원하시는 대로 하시라고 하면서, 어떻게 되나 지켜보는 거지.'

이 전형적인 미국식 태도는 잘 봐주면 순진한 것이고, 최악의 경우는 자기 기만이다. 체계 없이는, 영적인 삶에 대한 의도성 없이는 영적인 성장도 없다. 편안히 앉아서 어떻게 되나 기다려 보자는 마음으로는 체지방을 줄일 수도, 근사한 근육질을 만들 수도, 혹은 자기의 값어치를 높일 수도 없는 것과 같은 이치다.

내게 정말로 중요한 어떤 목표가 있다면, 나는 그 목표를 성취하기 위해서 나 자신을 훈련한다. 그리고 그 목표 달성을 위한 실천 사항들은 타협할 수 없다는 것을 **사전에** 결단한다. 그러지 않으면 마지막 순간까지 늑장부리게 된다. 정말이다. 예를 들면 나의 큰 목표 중 하나는 살긴 살되, 건강하게 사는 것이다. 나는 내 유전적인 요인들을 잘 알고 있기 때문에, 매일 열심히 운동하지 않으면 화가 나곤 한다. 그래서 한 가지 결단을 내렸다. 나는 매일 조깅을 할 것이며, 그 시간은 절대 타협 불가라고.

나는 조깅이 하고 싶어질 때까지 기다렸다가 뛰지 않는다. 솔직히 말해서 내가 정말로 조깅을 하고 싶은 날이 일주일에 며칠이나 되겠는가? '오늘은 아니야. 일을 좀더 오래 하고 싶어.' 또는 '생체 리듬이 별로 좋지 않아. 바깥 날씨가 쌀쌀해. 비가 올 것 같군. 해가 너무 내리쬐는걸. 신발이 너무 꽉 끼어서. 무릎이 아파서. 오늘따라 안락의자가 왜 이리 편안해 보이지?…' 핑계거리는 끝도 없다.

기도를 배우기로 마음을 단단히 먹었다면, 이제는 결단을 내려야 한다. '내 기도 생활에 꼭 필요한 훈련이 무엇이든 그걸 꼭 배워야겠다. 그리고 그 훈련을 빠뜨리지 않고 규칙적으로 실천하겠다'고.

좋은 기도 습관을 유지하는 건 타협할 수 없다. 물론 훈련 그 자체가 하나님과 나 사이의 관계를 엮어 주는 것은 아니지만, 훈련이 없이는 보람 있고 풍성한 기도 생활을 계발해 나갈 수 없다.

전문가에게 물어 보라

그렇다면 우리는 어떻게 심령을 견고케 하는 기도, 우리를 더욱 자유롭게 하고 우리에게 영적 날개를 달아 주는 기도를 습관화할 수 있겠는가? 사업 분야에서 잘 알려진 통념으로, "무언가에 대해서 알고 싶다면 전문가에게 물어 보라"는 말이 있다. 농구에 대해 알고 싶다면 마이클 조단에게 물어야 할 것이고, 인터뷰 진행 방법을 알고 싶다면 캐티 코릭에게 물어야 할 것이다. 컴퓨터 사업에 관해 알고 싶다면 빌 게이츠에게 물어야 할 테고.

그렇다면, 좋은 기도 습관에 대해 알고 싶을 때도 최고의 전문가, 바로 예수님께 여쭈어 보아야 마땅할 것이다.

역사상 예수님보다 기도에 관해서 더 잘 알았던 사람은 없다. 기도의 능력을 예수님보다 더 확실하게 믿었던 사람도 없으며, 예수님처럼 기도했던 사람도 없었다. 예수님의 제자들은 예수님의 전공 분야를 알아보았다. 한번은 예수님이 홀로 기도하는 모습을 제자들이 우연히 보게 되었다(눅 11:1을 보라). 그들은 예수님의 진지함과 열렬함에 감동된 나머지, 마침내 예수님이 무릎을 펴고 일어나시자 제자 하나가 쭈뼛거리며 이렇게 물어 보았다. "저희에게도 기도하는 법을 가르쳐 주시겠습니까?" 그들은 알고 있었다. 주님에 비하면 자기들은 초심자에 불과하다는 것을. 기도 학교에서 겨우 1학년짜리에 불과하다는 것을.

예수님의 기도 원칙

예수님은 그들의 질문을 거절하지 않으셨다. 오히려 그들에게 기도하는 법을 가르쳐 줄 수 있는 기회로 삼으셨다. 다음은 예수님의 말씀이다.

> 너희는 기도할 때에, 위선자들처럼 하지 말아라. 그들은 사람들에게 보이려고, 회당과 큰 길 모퉁이에 서서 기도하기를 좋아한다. 내가 진정으로 너희에게 말한다. 그들은 자기네 상을 이미 다 받았다. 너는 기도할 때에, 골방에 들어가 문을 닫고서, 숨어서 계시는 네 아버지께 기도하여라. 그리하면 숨어서 보시는 너의 아버지께서 너에게 갚아 주실 것이다. 너희는 기도할 때에, 이방 사람들처럼 빈말을 되풀이하지 말아라. 그들은 말을 많이 하여야만 들어주시는 줄로 생각한다. 그러므

로 그들을 본받지 말아라. 하나님 너희 아버지께서는, 너희가 구하기 전에, 너희에게 필요한 것이 무엇인지를 알고 계신다. 그러므로 너희는 이렇게 기도하여라. 하늘에 계신 우리 아버지, 그 이름을 거룩하게 하여 주시며, 그 나라를 오게 하여 주시며, 그 뜻을 하늘에서 이루심같이, 땅에서도 이루어 주십시오. 오늘 우리에게 필요한 양식을 내려 주시고, 우리가 우리에게 죄 지은 사람을 용서하여 준 것같이 우리의 죄를 용서하여 주시고, 우리를 시험에 들지 않게 하시고, 악에서 구하여 주십시오(마 6:5-13).

기도하는 법에 대해서 이보다 더 단도직입적으로 말해 주는 성경 구절은 어디에도 없다. 그리고 이천 년 전에 예수님이 제자들에게 주신 이 조언은 오늘을 사는 우리 모두에게도 동일하게 적용된다.

□ **규칙적으로 기도하라**. 예수님은 "너희가 기도할 때에"라고 말씀하셨지, "너희가 기도하게 된다면"이라고 말씀하시지 않았다.

□ **은밀하게 기도하라**. 하나님은 남들에게 경건을 드러내 보이는 것을 별로 좋아하지 않으신다.

□ **진실하게 기도하라**. 하나님은 공식 같은 기도에는 관심이 없으시다. 그분은 우리의 속마음에 대해 듣고 싶어하신다.

□ **구체적으로 기도하라**. 우리가 '주기도문'이라고 부르는 기도문을 본보기로 삼으라.

다음 장에서는 예수님의 기도 원칙들을 한 번에 한 가지씩 살펴볼 것이다. 그리고 이런 원칙들을 우리의 기도 생활에 통합시킬 수 있는, 심령을 견고케 하는 습관들—훈련, 실천 사항, 방법론 등—도 살펴볼 것이다.

묵상과 토론을 위한 질문들

1. 영적인 건강을 증진시켜 주는 좋은 습관을 몇 가지 적어 보라. 당신도 그러한 습관들을 지키고 있는가?

2. 당신은 목록 만들기를 좋아하는 유형인가, 아니면 흐르는 대로 가겠다는 유형인가? 그런 태도가 당신의 기도 생활에 어떤 영향을 미치는가?

3. 좀더 탄탄한 기도 생활을 다져야겠다고 진지하게 결심하는 사람이 꼭 해야 할 결정은 무엇인가?

4. 예수님이 마태복음 6:5-13에서 제자들에게 제시하신 기도의 원칙 네 가지를 적어 보라.

예수님처럼 5 기도하기

제자들이 예수님께 기도에 대해 가르쳐 달라고 부탁했을 때, 예수님은 "너희는 기도할 때에…"(마 6:5)라는 말로 시작하셨다. 예수님은 제자들이 당연히 규칙적으로 기도 시간을 가지리라고 전제하신 것이다.

이는 오늘날을 사는 예수님의 제자들이 적용하기에는 쉽지 않은 전제다. 우리는 대부분 매일 꾸준히 기도할 시간이 없다고들 한다. 하지만 기도가 삶에서 정말 중요한 한 부분을 차지하게 되기를 바라는가? 다른 영역에서도, 즉 피아노든 농구든 체력 단련 운동이든 그것을 계발하고 싶으면 우리는 규칙적으로 연습을 한다. 뉴질랜드에서 온 '아메리카 컵'이라는 팀은 하루에 8시간씩, 일주일에 엿새를 투자해 2년 동안 강도 높은 훈련을 했다. 그리하여 이전에는 결코 달성하지 못했던 수준까지 항해 기술을 끌어올렸다. 뭔가를 정말 하고자 하는 사람들은 자기 일정 속에 그 일을 할 시간을 항상 비워 둔다.

규칙적인 기도 시간을 갖는 것은 매우 중요하다. 왜냐하면 규칙성이 없이는 기도가 절대 습관이 되지 않기 때문이다. 우리가 하나님의 임재 속에서 살기를 원한다면, 매일 빠지지 않고 하루에 한 번씩은 바깥 세상과 담을 쌓고 하나님과 교통할 필요가 있다. 다른 관심사들은 모두 내려놓고 오로지 하나님께만 집중하고 하나님만 바라보며 하나님과 대화하고 하나님의 음성을 들으며 하나님 앞에 고요히 앉아 있는 시간이 필요하다.

분주한 일상에서 벗어나

규칙적인 기도 시간이 중요한 만큼 일정한 기도 장소도 중요하다. 다른 사람들이 자기를 경건하게 봐 주기를 바라는 마음에 공공 장소에서, 사람들이 모이는 곳에서 그리고 식사 시간 같은 때에 기도를 하는 사람들도 있긴 하다. 하지만 예수님이 말씀하셨듯이, 기도는 관중에게 보이는 경기가 아니다. 우리의 영성을 팍팍 풍기기 위해서 행하는 그런 것이 아니다. 그런 건 생각도 말라고 예수님은 말씀하셨다. 기도할 때에는 방으로 들어가서 문을 닫으라고 하셨다. 옷장 속이든 빈 사무실이든 차고 속의 작업실이든 간에, 사람들을 떠나 하나님과만 함께 있을 수 있는 은밀한 장소를 찾으라. 그런 곳에서야말로 가장 효과적으로 기도할 수 있다.

왜 은밀함을 강조할까? 왜 문을 닫아야 할까? 첫 번째 분명하고도 현실적인 이유는, 은밀한 장소일수록 관심이 분산되는 걸 최소화할 수 있기 때문이다. 대부분의 사람은 하나님과 교통하려고 할 때 엄청나게 산만해진다. 내 경우, 기도하는 동안 온갖 종류의 소음들—목소리, 음악 소리, 전화 벨 소리, 아이들 소리, 강아지 소리, 새 소리 등등—이 집중력을 떨어지게 한다. 심지어는 째깍거리는 시계 소리에까지도 관심이 쏠려서 결국은 그 박자에 맞춰 발을 구르며 노래를 부르게 된다. 예수님은 우리의 마음이 어떻게 조성되어 있는지 잘 알고 계셨고, 그래서 이렇게 조언하시는 것이다. "산만해지지 않으려고 몸부림치지 말아라. 너희가 진다. 차라리 피해라. 아무 방해 없이 기도할 수 있는 조용한 곳을 찾아라."

은밀함이란 이렇게 현실적인 이유에서 중요하기도 하지만, 은밀한 장소에서 기도하라고 하신 예수님의 충고 속에는 이보다 더 미묘한 지혜가 들어 있지 않나 생각된다. 일단 한 장소를 물색해서 그 장소를 일정하게 사용하다 보면, 일종의 독특한 분위기가 감돌게 된다. 당신의 기도방은 비록 지하에 있는 세탁실이라 할지라도, 겟세마네 동산이 예수님께 의미했던 그런 의미로 당신에게 다가온다. 그 곳은 바로 거룩한 장소, 하나님이 당신을 만나 주시는 장소가 되는 것이다.

특별한 분위기를 조성하라

부부들 중에는 유난히 좋아하는 식당이 있어서 중요한 날 밤이면 그 곳으로 식사하러 가는 경우가 있다. 그들은 그 분위기를 좋아하는 것이다. 그 분위기 속에 있으면 왠지 대화도 잘 되기 때문에 그들은 그 곳에 갈 기회만을 고대한다. 그들의 관계에서 그 장소는 특별한 곳이다.

어떤 가족들은 휴가 때마다 일정하게 가는 장소가 있어서 그 곳을 마치 제2의 집처럼 느끼기도 한다. 그 가족은 거기서 근사한 일들을 경험하기도 했고, 특별한 추억을 만들기도 했다. 그래서 가족들은 휴가를 손꼽아 기다린다.

이와 마찬가지로, 당신도 진심으로 기도할 수 있는 은밀한 장소를 조성하게 되면, 시간이 흐름에 따라 당신은 그 곳으로 자꾸 가고 싶어질 것이다. 그 친숙한 분위기와 눈에 들어오는 모습, 고유한 냄새를 음미하게 될 것이다. 그리하여 하나님과 자유롭게 대화하는 그 장소에서 풍기는 독특한 분위기를 점점 더 좋아하게 될 것이다.

나는 내 사무실로 쓰던 방의 한 귀퉁이에 있는 장식장 옆에 기도방을 꾸몄다. 그리고 거기에다 성경책 한 권을 펼쳐 놓고, "하나님은 하실 수 있다"고 적힌 문구판, 고난 받으신 구세주를 생각나게 하는 가시 면류관 그리고 목자의 지팡이 한 자루를 가져다 놓았다. 하나님께 요청하는 기도를 할 때는 종종 그 지팡이를 높이 쳐들곤 했다.

그 사무실 한쪽 구석은 내게 거룩한 장소가 되었다. 나는 아침 여섯 시쯤이면 그 곳에 도착했다. 주변에 아무도 없고 전화벨이 울릴 가능성도 희박한 그 시간에 나는 주님과 교통했다. 내 마음을 주님께 쏟아 놓기도 했고, 그분을 예배하기도 했으며, 우리 교우들을 위해 기도하기도 했다. 그리고 엄청난 기도 응답들을 받았다.

그 후 사무실을 옮기면서 기도방도 달라졌다. 하지만 아직도 옛 기도방에 대한 따스한 추억들을 간직하고 있다. 그 자리에 뭔가 거룩한 게 있어서가 아니라 거기서 일어났던 일들 때문에 그렇다. 나는 몇 년 동안 매일 아침마다 주님을 만났고, 주님 또한 신실하게 나를 만나 주셨기에, 그 기도방을 생각하면 마치 내 집 같은 생각이 든다.

당신도 기도하는 법을 배우고 싶다면, 관심을 분산시키지 않는 조용한 장소를 찾으라. 꼭 예배당이어야 할 필요는 없다. 공구실도 괜찮고, 부엌 한 켠도 상관없다. 창고든 사무실이든 아니면 트럭의 앞좌석이든, 주변 환경이 친숙하고 조용하기만 하면 된다. 그리고 하루 중 당신에게 가장 좋은 시간에 그 곳으로 가라. 당신이 종달새 형이라면 아침에, 올빼미 형이라면 밤에, 혹은 언제든 가장 정신이 맑을 때, 매일 규칙적으로 거기에서 주님을 만나라.

기도의 의미를 바로 알고 하자

예수님은 제자들에게 말씀하시기를, 은밀한 중에 기도하라고 하셨을 뿐만 아니라 진실하게 기도하라고 하셨다. "빈말을 되풀이하지 말라"고 예수님은 말씀하셨다. 상투적인 표현을 조심하라. 의미 없는 말을 반복하는 습관에 빠지지 말라.

기도하면서 거룩한 용어를 남발하기는 또 얼마나 쉬운지! 어떤 표현들은 너무도 적절하고 영적이고 경건하게 들리기 때문에, 많은 사람들은 그런 말만 모아 엮어서 그걸 기도라고 한다. 그들은 자기들이 하는 말 속에 함축된 의미가 무엇인지 생각조차 하지 않는 것 같다.

예를 들어서, 때로는 성숙한 그리스도인들이 이렇게 열심히 기도하는 소리를 듣게 된다. "사랑의 주님, 제가 오늘 취직 면접을 보러 가는데, 저와 함께해 주십시오." 혹은 "저의 여행길에 함께해 주십시오"라고 말이다. 처음 듣기에는 아주 거룩한 간구처럼 들린다. 하지만 불행하게도, 이 표현은 말이 안 된다. 그렇게 기도하는 사람에게 나는 종종 이렇게 되묻고 싶어진다. “하나님이 이미 하고 계신 일을 왜 자꾸 해 달라고 하시는 겁니까?”

마태복음 28:20에서 예수님은 이렇게 말씀하신다. “보아라, 내가 세상 끝 날까지 항상 너희와 함께 있을 것이다.” 히브리서 13:5에서 하나님은 “내가 결코 너를 떠나지도 않고, 버리지도 않겠다”고 말씀하신다. 예수님은 요한복음 14:18에서 제자들에게 이렇게 말씀하신다. “나는 너희를 고아처럼 버려 두지 아니하고, 너희에게 다시 오겠다.” 예수님의 다른 이름 중 하나인 임마누엘은 “하나님이 우리와 함께하신다”는 뜻이다. 우리가 하나님의 가족이라면 하나님께 우리와 함께해 달라고 간구할 필요가 없다. 다만 우리가 하나님의 임재를 **깨닫게** 해 달라고, 그 사실 때문에 마음이 든든하게 해 달라고 기도해야 할 것이다. 하나님이 이미 우리와 함께하시는데도 우리와 함께해 달라고 간구하는 것 역시 ‘빈 말을 되풀이하는 것’이다.

기도 중에 무의미한 말을 반복하는 또 다른 경우는 바로 저녁 식사 때다. 어떤 사람이 영양학적으로 형편없는 음식을 앞에 놓고 앉아 있다. 온통 소금투성이에 기름이 번들거리는 음식 옆에는 설탕이 잔뜩 든 음료수가 떡 버티고 있다. 이 사람이 기도를 시작한다. “사랑의 주님, 이 음식에 축복하사 이것을 먹고 저희가 힘과 영양분을 얻게 하시고, 그로 인하여 당신의 뜻을 행하게 하옵소서.” 하나님의 진정한 뜻은, 이 사람이 “아멘” 하기가 무섭게 그 사람을 식탁에서 밀어내고 그 음식을 개에게 던져 주는 것이리라—그것도 그 개가 하나님한테 별로 소중한 개가 아닐 때에만!

사도 바울은 고린도전서 6:20에서 하나님의 뜻이 무엇인지 말해

준다. "여러분의 몸으로 하나님을 영화롭게 하십시오"라고 말이다. 이 말은 우리 몸 속에 좋은 음식을 넣어 주라는 말이다. 하나님이 질 나쁜 음식을 축복하사 그것이 기적적으로 영양가 있는 음식으로 변하게 해 달라고 간구하지 말라. 그건 마치 5학년짜리 학생이 지리 시험을 마친 후에, "사랑의 하나님. 미국의 수도가 제발 뉴욕이 되게 해주세요"라고 기도하는 것과 다를 바 없다. 하나님은 그런 식으로 역사하시지 않는다.

마음에서 우러나는 기도

하나님은 우리가 감동적인 표현들을 남발하는 걸 원치 않으신다. 말의 뜻은 생각해 보지도 않고 사용하는 것도 원치 않으신다. 그저 친구나 아버지에게 말하듯이 그렇게 하나님께 말씀드리기를 바라신다. 진심으로, 존중하는 마음으로, 인격적으로, 절실하게 말이다. 이런 기도를 나는 전혀 예기치 못한 상황에서 들은 적이 있다.

언젠가 기독교의 수준 높은 지도자들이 많이 참석한 컨퍼런스에 간 적이 있었다. 대화는 아주 진지했다. 거기서 토의되는 온갖 신학적, 철학적 내용들을 따라잡느라 나는 바짝 긴장해야만 했다. 드디어 점심 시간이 되었다. 우리는 모두 홀인더월(Hole in the Wall)이라는 가까운 식당에 자리를 잡았다. 한 신학교 교수님이 식사 기도를 하게 되었다. 다같이 머리를 숙였고, 나는 이렇게 생각했다. '보나마나 신학교 강의 같은 기도겠지'라고.

그 신학자는 기도를 시작했다. "아버지, 오늘도 살아 있음을 감사드립니다. 그리고 이 식당에서 이렇게 형제들과 함께하며 좋은 음식도 먹고 하나님 나라의 일들을 함께 이야기하니 참 좋습니다. 당신도 이 식탁에 함께하심을 알기에 또한 기쁩니다. 이 형제들 앞에서 당신께 아뢰고 싶은 말씀은, 제가 당신을 사랑한다는 것입니다. 그리고 당신이 제게 요구하시는 일이라면 무엇이든지 하겠다는 것을 말씀드리고 싶습니다."

그 교수는 그런 식으로 일이 분 정도를 더 하나님께 말씀드렸다. 그가 "아멘" 하며 기도를 맺을 때, 나는 '내가 좀 자란 것 같군' 하는 생각이 들었다. 그분의 신실한 기도를 들으면서, 나는 얼마나 자주 비행기의 자동 조종 장치처럼 기도했던가를 깨닫게 되었다. 하나님은 정형화된 표현들에는 관심이 없으시다. 시편 62:8은 말한다. "너희의 속마음을 털어놓아라." 하나님께 이렇게 말씀드려 보라. "주님, 오늘 제 감정은 이렇습니다. 요즘은 이런 것들을 생각하며 삽니다. 이런 게 좀 걱정됩니다. 이만저만해서 마음이 좀 우울합니다. 이것 때문에 제가 기쁩니다." 이렇게 하나님께 진실하게 말씀드리라.

구체적으로 기도하라

예수님은 은밀하게 그리고 진실하게 기도하라는 말씀 이외에도 구체적으로 기도하라고 제자들에게 말씀하셨다. 그리고 그 말이 무슨 의미인지 알려 주기 위해서 기도의 본을 한 가지 보여 주셨는데 그것은 바로 우리가 주기도문이라고 부르게 된 기도다.

예수님의 기도는 **하늘에 계신**이라는 말로 시작된다. 이것은 하나님이 주권적이시며, 장엄하시고 전능하시다는 것을 일깨워 주는 표현이다. 하나님께는 어려운 것이 없다. 그분은 산을 들어 옮기는 분이시며, 당신이 그분께 가져갈 수 있는 그 어떤 문제보다도 더 크신 분이다. 당신의 가치가 아니라, 그분의 능력에만 관심을 두라.

그 다음 표현은 **우리 아버지**다. 당신이 예수 그리스도를 통해서 하나님의 자녀가 되었다면, 이미 당신을 더할 수 없이 사랑하시는 아버지께 기도드리고 있다는 사실을 절대로 잊지 말라.

그 이름을 거룩하게 하여 주시며. 당신의 기도가 산타에게 보내는 소원 목록표가 되지 않게 하라. 기도 가운데 하나님께 나아올 때는 그 분을 경배하고 찬양하라.

그 나라를 오게 하여 주시며, 그 뜻을 하늘에서 이루심같이, 땅에서도 이루어 주십시오. 당신의 뜻을 하나님의 뜻에 굴복시키라. 당신의 삶, 즉 결혼, 가정 생활, 직장, 사역, 재정 문제, 건강 관리, 인간 관계, 교회 속에서 하나님의 뜻을 최우선 순위에 놓으라.

오늘 우리에게 필요한 양식을 내려 주시고. 사도 바울은 이렇게 썼다. "모든 일을 오직 기도와 간구로 하고, 여러분이 바라는 것을 감사하는 마음으로 하나님께 아뢰십시오"(빌 4:6). 크건 작건 당신의 근심거리를 모두 내려놓으라. 기적이 필요하다면 주저하지 말고 그렇게 아뢰라.

우리가 우리에게 죄 지은 사람을 용서하여 준 것같이 우리의 죄를 용서하여 주시고. 당신이 방해물이 되지 않게 하라. 죄를 고백하고 용서받고 성장해 나가라. 다른 사람들에 대해서도 용서하는 마음을 품고 살라.

우리를 시험에 들지 않게 하시고, 악에서 구하여 주십시오. 악에서 보호해 주시고 유혹을 이기게 해 달라고 기도하라.

나라와 권세와 영광은 영원히 아버지의 것입니다. 기도를 마치기 전에 하나님을 좀더 경배하라. 하늘과 땅에 있는 모든 것이 하나님의 것임을 인정하라. 당신을 보살펴 주시는 은혜에 감사드리고, 기도를 통해 하나님께 말씀드릴 수 있게 해주신 것에 감사드리라.

아멘. 그렇게 되기를 바라나이다.

하나님을 영화롭게 하는 기도는 단순히 쇼핑 목록을 적은 기도가 아니다. 그런 기도는 도움과 힘과 긍휼과 기적을 구하는 외침 그 이상이다. 진실한 기도에는 경배가 있어야 한다. "하늘에 계신 우리 아버지, 그 이름을 거룩하게 하여 주시며"(마 6:9). 또한 굴복이 있어야 한다. "그 뜻을 하늘에서 이루심같이, 땅에서도 이루어 주십시오"(10절). 요청하는 부분도 당연히 있다. "오늘 우리에게 필요한 양식을 내려 주시고"(11절). 그리고 고백도 들어 있다. "우리가 우리에게 죄 지은 사람을 용서하여 준 것같이 우리의 죄를 용서하여 주시고"(12절).

주기도문은 매우 훌륭한 예문일 뿐, 하나님의 관심을 끌기 위한 마법 같은 주문은 결코 아니다. 예수님은 이것을 암송하고 읊으라고 우리에게 주신 것이 아니다. 오히려 예수님은 반복적인 문구를 자꾸 사용하지 말라고 경고하실 정도였다. 다만 이 기도문을 주신 것은, 우리가 기도할 때 반드시 포함시켜야 할 다양한 요소들이 어떤 것인지를 제시하는 하나의 유형으로 주시고자 함이다.

하나님과 함께 있는 시간을 반추해 보라

마술적인 주문의 문제점은 그것을 생각 없이 읊조린다는 것이다. 우리는 자신이 무얼 하고 있는지, 그것들이 무슨 의미가 있는지 생각해 보지도 않은 채 인생을 살아가는 적이 너무도 많다. 기도에 대해서도 우리가 아무 생각 없이 접근한다면, 능력 있는 결과를 기대할 수도 없다.

나는 시카고 베어스 팀의 담당 목사였던 적이 있었다. 시즌 때면 월요일마다 할라스 홀(Halas Hall)에서 성경 공부를 인도하곤 했었다. 그 곳에 조금 일찍 도착하는 경우가 종종 있었는데, 그럴 때면 코치들이 선수들과 함께 이야기하는 소리가 들리곤 했다. 나는, 마이크 디트카와 다른 코치들이 그 전날 있었던 경기를 하나하나 모두 되돌려 본다는 사실에 놀랐다. 그 팀은 다음 게임을 준비하기에 앞서 자기들이 방금 펼쳤던 경기를 반추해 보는 것이었다.

바로 그 시간에 나는 기독교 저자들의 책을 읽고 있었다. 그 저자들은 말하기를, 그리스도를 따르는 자들이 성장하지 않고 있다면, 그 이유는 그들이 자신들의 삶을 평가하는 습관을 들이지 않았기 때문이라고 했다. 바로 나를 두고 하는 말이었다. 나는 빨리빨리 움직이는 사람이었고, 항상 앞만 향해 나갈 뿐 전혀 내면을 깊이 들여다보지 않았던 것이다. 성숙으로 이어지는 그런 유의 반추를 전혀 하지 않았다. 그래서 결국 그 값을 치르고 있었다. 똑같은 죄를 계속 반복해서 짓고, 그리하여 늘 무거운 죄짐을 지고 살았던 것이다.

그래서 나는 어려운 결단을 내렸다. 날마다 내 영혼의 상태를 솔직하게 평가하기로 결심한 것이다. 내 속을 들여다보면서 눈에 보이는 것들을 적어 내려갔다. 나는 어색하고 난감한 느낌을 지우지 못한 채, 스프링 노트를 펴고 이렇게 적기 시작했다. "하나님, 제 인생 여기쯤에 좌절이 좀 있네요. 이게 사라지질 않고 있으니 자세히 한 번 들여다보는 게 좋겠어요." 혹은 "여기 제가 좀 걱정하고 있는 인간 관계가 있네요. 별로 좋지가 못한데, 어떻게 향상시킬 수 있을지 모르겠네요." 또는 "여기 당신께서 제 삶에 부어 주신 축복이 몇 가지 있네요" 라고 적기도 했다. 한두 문단을 적고 나서 적은 것을 반추해 보는 식으로 한다.

어쨌든 간에 기도하라!

나의 하루하루를 그렇게 반추하며 적기 시작한 지도 어언 15년의 세월이 흘렀다. 그러다가 나는 이내 기도 내용을 전부 적어서 그것을 하나님께 읽어 드리기 시작했다. 이 훈련 덕택에 나는 여러 면에서 축복을 받았다. 이 습관은 내가 집중할 수 있게 해주었다. 보통 나는 "사랑의 하나님"이라고 말하고 나서는 그 날 점심 시간에 만날 사람, 아니면 당회 때 토의할 안건, 아니면 그 날 저녁 식사 후에 가족과 할 일 등을 생각하곤 했다. 하지만 종이 위에 뭔가를 쓰게 되니까 집중하기가 훨씬 수월했다. 또 글로 적으니까 구체적으로 생각할 수밖에 없었다. 광범위하고 일반적인 기도는 왠지 글로 적기가 어색했다. 이 습관 덕택에 나는 하나님이 언제 기도에 응답해 주셨는지 알 수 있게 되었다.

매달 말에는 내 기도 수첩을 다시 한 번 읽으면서 하나님이 기적적인 일들을 이루셨던 때가 언제인지 보곤 한다. 믿음이 약해진다고 느껴질 때마다, 나는 기도 수첩을 펴서 하나님이 내 기도에 응답해 주신 증거들을 다시 본다. 구체적인 기도들이 1월에 꽤 많이 응답되었다면, 2월에도 하나님을 신뢰할 마음의 준비가 되는 것을 느낀다.

나는 내 기도들을 매일 글로 적는다. 다른 방법으로는 기도 생활을 통해 성장할 수가 없다. 당신도 당신에게 가장 알맞은 방법을 실험하고 살펴보라. 처음에는 일주일에 한 번씩만 기도를 적어 보라. 그게 도움이 된다면 좀더 자주 그렇게 하라. 하지만 당신의 취향과 맞지 않고 왠지 불편하다면, 좀더 효과적인 다른 방법을 찾아보라.

당신이 선택한 방법이 무엇이든지 간에, 예수님의 방법대로 기도하는 연습을 하라. 규칙적으로, 은밀하게, 진실하게 그리고 구체적으로 기도하라.

승리케 하시는 하나님의 능력은 기도를 통해서 흘러나온다는 사실을 명심하라. 하나님은 당신과 당신의 필요에 관심이 많으시다. 그분은 어떤 필요든지 채워 주실 수 있으며, 당신을 기도로 초대하셨다. 그분의 아들 예수님은 기도 전문가로서, 당신에게 기도하는 방법을 알려 주려고 지침까지 마련해 주셨다.

기도라는 기적이 우리 삶 속에서 작동하게 하려면, 결국 우리는 꼭 한 가지 행동을 해야만 한다. 바로 기도다. 나는 기도에 관한 책을 쓸 수도 있고, 당신은 기도에 관한 책을 읽을 수도 있다. 나아가서 내 책을 당신 친구에게 빌려 줄 수도 있다. 하지만 조만간 우리는 모두 기도해야만 한다. 그럴 때에, 오로지 그럴 때에만, 우리는 순간순간을 하나님의 임재 속에서 살기 시작할 것이다.

묵상과 토론을 위한 질문들

1. 예수님이 기도에서 가장 우선 순위에 두신 것은 무엇이었는가? 그것을 어떻게 알 수 있는가?

2. 당신이 기도에서 가장 우선 순위에 두는 것은 무엇인가? 그것을 어떻게 실천하고 있는가?

3. 개인적인 기도 장소를 마련함으로써 얻을 수 있는 유익은 무엇인가?

4. 당신은 기도를 글로 쓰는 것에 불리한 점이나 불편한 점이 있다고 느끼는가? 당신의 생각을 적어 보라.

5. 당신은 성실하게 기도 생활을 유지하고 있는가? 당신의 기도 중에 공허하거나, 무의미하게 반복하는 표현들은 없는가? 그런 부분을 어떻게 개선할 수 있겠는가?

6 기도하는 방법에 관하여

바야흐로 당신은 제대로 몸매 관리를 해야 할 때가 되었다고 결정했다. 그래서 이제 헬스 클럽을 알아보러 다닌다. 문을 열고 들어서자 직원 한 명이 당신을 데리고 각 영역마다 돌면서 최신식 장비들을 골고루 보여 준다. 안내 설명이 다 끝나자, 그 직원이 이렇게 묻는다. "손님에게 맞는 운동 순서(routine)를 짜 드릴까요?"라고.

이 시점이 되면 당신은 뒤로 물러서고 싶을지도 모른다. 운동 장비에 올라앉아 노닥거리는 것과, 확실하게 짜여진 순서를(regimen) 따라가는 것은 전혀 다른 문제다. 당신이 주저하는 모습을 본 직원은 이렇게 설명한다. "확실하게 짜여진 순서는 꼭 필요합니다. 그래야 모든 근육을 적절히 또 꾸준히 단련시킬 수 있고, 어느 역기를 몇 번이나 들었는지도 계속 점검할 수 있으며, 진전 상황을 도표화하고 불균형을 피할 수 있습니다."

헬스 센터를 둘러보니, 심각한 불균형의 예가 눈에 들어온다. 하마처럼 거대한 몸집에 삼각근이 툭 불거진 사람이 체중 조절실에서 걸어 나온다. 체중 조절용 벨트를 여전히 허리에 차고 있는 그는, 트랙 주변에서 두어 번 넘어질 듯하며 숨을 헐떡이더니, 다행히도 자기에게 익숙한 지점으로 돌아간다. 그러고 나자 또 한 명의 남자가 눈에 들어온다. 그는 아주 수월하게, 미끄러지듯이 트랙을 달린다. 아마 한 번에 11킬로미터 정도는 그렇게 달릴 것도 같다. 하지만 그의 상반신 체격을 보면, 오이 피클 병을 열거나 벽난로에 땔 장작을 나르는 일은 고스란히 그의 아내 몫이리라 짐작할 수 있다.

세심하게 짜여진 계획 없이는, 누구나 불균형 상태가 되기 쉽다는 것을 헬스 클럽 강사들은 잘 알고 있다. 우리는 누구나 자기가 좋아하는 것만 하려 하고, 어렵거나 취향에 안 맞거나 해 보지 않은 것은 하기 싫어하는 경향이 있기 때문이다.

기도의 유형

기도 습관을 단련하는 것은 신체를 단련하는 것과 비슷하다. 즉, 불균형을 피하기 위해서 기도에도 일종의 유형이 필요하다는 말이다. 일정하게 짜여진 순서가 없으면 우리는 아마도 "하나님 제발"이라는 함정에 빠질 것이다. "하나님, 제발 이것 좀 주세요. 하나님 제발 도와주세요. 하나님 제발 숨겨 주세요. 하나님 제발 해결해 주세요."

아! 때로는 감사하다는 말 몇 마디를 하늘로 올려 보내기도 할 것이다. 하나님이 우리의 삶에 좀 좋은 일이 생기게 해주셨다는 것을 깨달을 때는 말이다. 때로 뭔가 잘못한 일이 있을 때는 순간적으로 올바른 판단력을 잃어버렸노라고 고백하기도 할 것이다. 그리고 어쩌다 한 번씩 우리 자신이 정말 영적이라고 느껴질 때는, 우리의 기도 속에 하나님을 예배하는 말도 몇 마디 집어넣을 것이다. 물론 성령님이 이끄시는 대로만.

내 말이 너무 비꼬는 투로 들리는가? 사실, 균형 잡히지 않은 기도에 관해서라면 내가 모르는 게 없기 때문에 그렇다. 이 분야에 관한 한 나야말로 권위자다. 그리고 개인적인 경험상, 이렇게 불균형한 기도의 끝이 어떻게 되는지 나는 말할 수 있다. 우리의 기도가 대충대충이고 한쪽으로 치우쳐 있다는 것을 감지하게 되면, 우리는 기도에 대해 죄책감을 느끼기 시작한다. 그 죄책감 때문에 마음이 약해지게 되고, 그러다 보면 결국 기도하지 않게 된다. 기도에 대해 죄책감을 느끼다 보면, 조만간 기도를 쉬게 된다.

당신에게도 그런 일이 일어나고 있다면, 지금이야말로 일정한 기도의 순서를 세워야 할 때다.

이제 나는 당신이 따라하면 좋으리라고 생각되는 기도의 한 가지 유형을 제시할 것이다. 이 유형이 유일하다거나 완벽하다는 것은 아니지만, 좋은 유형인 것만은 사실이고, 기독교계에서는 오랫동안 사용되어 온 유형이기도 하다. 이 유형은 균형 잡혀 있고, 활용하기 쉽다. 당신이 기억해야 할 것은 단지 ACTS라는 단어다. **Adoration**(찬미), **Confession**(고백), **Thanksgiving**(감사), **Supplication**(간구)의 첫 글자를 따서 만든 말이다(사도행전이 영어로 ACTS이므로 그렇게 의미를 연상해서 기억해도 좋겠다—역주).

찬미: 성소에 들어가면서

기도 시간을 찬미 혹은 경배로 시작하는 것이야말로 절대적으로 중요하다는 것이 내 개인적인 생각이다.

찬미는 기도의 전체적인 분위기를 조성한다. 우리는 찬미를 함으로써, 우리가 지금 누구에게 말하고 있는 것인지, 누구의 임재 속으로 들어가는 건지, 누구의 관심을 끌고 있는 건지를 되새기게 된다. 우리의 문제와 시련과 필요들이 너무도 절박하게 느껴져서, 기도가 그만 소원 목록표로 전락해 버리는 경우가 얼마나 많은가! 하지만 우리가 찬미로써 기도를 시작하기로 마음먹으면, 우리는 기도의 속도를 늦추고 하나님께 관심을 집중하게 된다.

우리는 교회에 들어가면 그 분위기에 잠시 사로잡힌다. 그래서 이렇게 혼잣말을 한다. "여기는 거룩한 곳이다. 집중을 하고 여기서 진행되는 일에만 초점을 맞추어야지." 마찬가지로, 기도를 찬미로 시작하면서 우리는 하나님과 만날 만한 분위기를 조성하는 것이다.

찬미를 통해 우리는 하나님이 누구시며 성향은 어떠신지를 상기하게 된다. 그분의 속성을 죽 나열하고 그 성품과 인격을 높여 드리다 보면, 우리는 하나님이 어떤 분이신지를 더 확실히 이해하게 된다.

나는 종종 "당신의 전능하심을 경배드립니다"라는 말로 기도를 시작하곤 한다. 이렇게 말하노라면, 내가 보기에는 내 문제가 아무리 어려워 보여도 하나님은 능히 나를 도우실 수 있다는 사실을 되새기게 된다.

나는 또한 하나님의 전지하심을 경배하기도 한다. 하나님을 혼란

스럽게 하는 문제는 없다. 내가 무슨 말을 하더라도, 하나님이 이해를 못해서 머리를 긁적거리실 일은 전혀 없다.

나는 하나님의 편재하심에 대해서도 경배를 드린다. 내가 어디서 기도를 하든지 간에—비행기 안에서건 자동차 안에서건 혹은 한적한 섬에서건—하나님은 그 자리에 계시다는 것을 나는 알고 있다.

그 외에도 우리는 하나님의 신실하심, 의로우심, 정의로우심, 자비하심, 은혜로우심, 공급하심, 우리 말에 귀기울이심, 변치 않으심 등을 찬미할 수 있다. 하나님의 속성들을 음미하면서 찬미의 분위기에 젖다 보면, 이내 마음 깊은 곳에서 이런 생각이 들게 된다. '내가 정말 엄청난 분께 기도하고 있구나.' 그리고 그런 생각은 우리가 계속 기도할 수 있는 동기가 된다.

찬미는 기도하는 사람을 깨끗게 한다. 하나님이 어떤 분이신지를 찬미하는 데 몇 분을 보내다 보면, 우리의 영이 부드러워지고 우리의 기도 제목도 바뀌게 된다. 숨이 넘어갈 듯 다급하게 하나님께 아뢰려 했던 문제들이 좀 덜 중요하게 여겨진다. 하나님의 위대하심에 초점을 맞추다 보면 우리의 좌절감도 사그러들고, 우리는 정말로 이렇게 말할 수 있게 된다. "하나님, 제가 당신 자체를 기뻐합니다. 이것이 제 영혼에 좋습니다." 찬미는 우리의 영혼을 깨끗이 씻어 주고, 하나님의 음성을 들을 준비를 시켜 준다.

하나님은 찬미받을 만한 분이시다. 우리는 기도 중에 "하나님 아버지"라고 부르고 나면, 이 믿을 수 없는 기적이 너무도 경이로워서 그냥 지나갈 수가 없어 잠시 멈추게 된다. "하나님께서 우리에게 얼마나 큰 사랑을 베푸셨는지를 생각해 보십시오. 하나님께서 우리를 자기의 자녀라 일컬어 주셨으니 우리는 하나님의 자녀입니다"(요일 3:1). 전능하시고 전지하시고 편재하신 하나님, 이 하나님이 우리를 사랑하시고 우리를 지켜보시며 우리에게 좋은 선물을 주신다니—놀랍지 않은가! 하늘에 계신 우리 아버지는 우리의 경배를 받을 만한 분이시니, 기도의 첫 시작부터 그분께 경배를 올려 드리자.

하나님을 찬미하는 방법

그렇다면 우리는 어떻게 하나님을 찬미할 수 있을까? 그분의 속성을 주욱 나열하는 것말고 좀더 나은 방법은 없을까? 때로 나는 내가 생각해 낼 수 있는 한도 내에서 하나님의 속성을 모두 떠올려 본다. 어떤 때는 최근 들어 유난히 더 의식하게 된 하나님의 속성 한 가지만 집중적으로 생각하기도 한다. 중요한 결정을 해야 할 때에는, 하나님의 인도하심에 집중할 수도 있을 것이다. 내가 제대로 못하고 있다거나 죄책감 같은 감정에 시달릴 때는, 하나님의 자비하심을 찬미할 수도 있을 것이다. 내게 뭔가가 필요할 때는 하나님의 섭리나 하나님의 능력을 인하여 하나님을 경배할 수도 있을 것이다.

시편 한 편을 골라서 읽거나 아니면 그 내용을 하나님께 아뢰어 보라. 가장 잘 알려진 시편으로는 8, 19, 23, 46, 95, 100, 148편이 있다. 하지만 당신이 시편 전체를 읽어 나가면서 그 중에서 고르는 게 더욱 좋다. 훌륭한 찬미의 시편이 두 편 더 있는데, 그것은 바로 '마리아의 찬가'(*Magnificat*, 눅 1:46-55)와 '사가랴의 노래'(눅 1:68-79)다. 그리고 당신이 방음이 되는 방에 있다면, 문을 닫고 하나님께 노래를 불러 드리는 것은 어떨까?

찬미라는 것이 대부분의 현대인에게는 낯설기 때문에, 당신도 처음 찬미를 할 때는 왠지 어색한 느낌이 들지도 모른다. 하지만 무엇이든 처음 도전할 때는, 라켓볼이든 컴퓨터 프로그램이든 혹은 새 직장이든 간에 그것을 잘 하게 될 때까지 계속 훈련하고, 있는 힘껏 매달려야 한다. 그렇게 얼마가 지나야 진전이 되어서 그 일이 편안하고 능숙해지는 것이다. 찬미는 당신의 기도 생활에서 필수 요소다. 찬미 없이는 기도 생활을 잘 해 나갈 수가 없다.

고백: 우리의 잘못을 시인하기

고백이야말로 오늘날 우리가 개인 기도 시간에 가장 많이 간과하는 요소일 것이다. 우리는 "주님, 저희가 지은 많은 죄들을 용서해 주옵소서"라는 대표 기도를 종종 듣는다. 그런데 많은 사람들이 개인 기도 시간에도 그런 식으로 기도를 한다. 우리는 모든 죄를 한 덩어리로 쌓아 놓고는 들여다보지도 않은 채 이렇게 말한다. "하나님, 이 더러운 무더기를 좀 가려 주세요."

고백을 이런 식으로 처리하는 것은 엄청난 회피다. 내 모든 죄를 한데 모아 한꺼번에 고백하는 것은 그렇게 고통스럽거나 당혹스럽지 않다. 하지만 그 죄덩어리에서 죄들을 하나씩 꺼내어 죄명을 다는 것은 완전히 다른 이야기다.

나는 기도 시간에 내 죄들을 그렇게 구체적으로 다루기로 결단하였다. 이런 식으로 말이다. "사실 그 주차장에는 차가 600대밖에 없었는데, 저는 차가 900대 있다고 말했습니다. 그건 거짓말이었고, 따라서 저는 거짓말쟁이입니다. 제가 거짓말한 것을 용서해 주세요."

또는 내 태도가 최고의 남편다운 태도에는 못 미친다고 인정하기보다는 이렇게 말씀드렸다. "오늘 저는 일부러, 자기 중심적이고 성의도 없으며 무감각한 사람이 되기로 작정했습니다. 그건 계산된 결정이었습니다. 저는 문을 열고 들어서면서 '오늘 밤에는 아내를 섬기지 않겠어. 오늘은 너무 힘들었으니까, 내 맘대로 해도 괜찮잖아'라고 생각했습니다. 이렇게 이기적인 저의 죄악을 용서해 주시옵소서."

누가 죄인인가?

몇 년 전에 나는 우리 교회에 정규적으로 출석하는 한 남성—그 사람 이름은 해리라고 해 두자—과 재미있는 대화를 한 적이 있다. 당시 나는 우리의 죄성과 우리에게 구세주가 필요하다는 사실에 대해 설교를 했다. 나중에 해리가 내 사무실로 찾아와 이렇게 말했다. "죄에 대해 이런 온갖 말씀을 들으니 기분이 영 안 좋네요. 저는 아무래도 저 자신이 죄인이라는 생각은 안 들거든요."

해리는 내가 단도직입적으로 말할 수 있는 사람이었기 때문에 나는 이렇게 말했다. "글쎄요. 죄인이 아닐지도 모르죠. 그렇다면 몇 가지만 물어 볼게요. 형제님은 결혼한 지 25년이 지났는데, 그 동안 아내에게만 완전히 100퍼센트 충실하셨나요?"

그는 킬킬 웃더니 이렇게 대답했다. "음, 그런데요, 전 영업부에 있잖아요. 출장도 많이 가고, 그러다 보면…." 그가 무슨 말을 하고 있는 건지는 우리 두 사람 모두 잘 알고 있었다.

"좋아요. 그렇다면 지출 명세서를 작성할 때, 사업과 직결되지 않은 지출도 적은 적이 있지요?" 내가 말했다. 그러자 그는 "다들 그러는 걸요"라고 대답했다.

"그리고 나가서 물건을 팔 때, 좀 과장한 적이 있지 않나요? 없는 기능도 있는 것처럼 말하거나, 또는 다음 주에나 들어갈 물건을 내일까지 보내 주겠다는 식으로 말이예요."

"그 분야는 다 그래요." 그가 말했다.

나는 그를 똑바로 쳐다보면서 이렇게 말했다. "형제님이 이미 다 말했네요. 자신이 간음자요, 사기꾼이요, 거짓말쟁이라고. 제 말을 따라해 보세요. **나는 간음자**, **사기꾼**, **거짓말쟁이입니다**."

그는 눈알이 튀어나올 듯이 나를 쳐다보더니 이렇게 말했다. "그런 끔찍한 말씀은 하지 마세요! 전 그저 좀 뭐 이렇게 쪼끔, 저렇게 쪼끔, 사소한 일들이 있었다는 것뿐입니다."

내가 말했다. "아닙니다! 그냥 있는 그대로 말하세요. 형제님은 간음자, 사기꾼, 거짓말쟁이입니다. 따라서 제가 볼 때 형제님은 죄인이고 구세주가 절실히 필요합니다."

고백이 주는 유익

그 후에 해리에게 어떤 일이 일어났는지 나는 모른다. 그 만남 이후로 나는 그를 많이 보지 못했다. 언젠가는 그가 자신의 죄성을 인정하고 예수 그리스도 안에서 죄씻음을 얻기를 바란다. 하지만 **당신**의 경우, 당신의 죄를 용기 있게 솔직히 거명하면서 고백할 때 어떤 일이 일어나는지를 나는 알고 있다.

첫째로, 당신의 양심이 깨끗이 씻겨질 것이다. 당신은 이렇게 생각하게 된다. '드디어 내가 말로 했군. 결국 하나님께 솔직해졌어. 더 이상 술수 따위는 쓰지 않을래. 그러고 나니 기분이 괜찮은걸.'

다음으로, 하나님의 본성은 용서하는 마음이라는 위로가 가득 밀려올 것이다. 하나님은 "동이 서에서부터 먼 것처럼, 우리의 반역을 우리에게서 멀리 치우시는"(시 103:12) 분이심을 알게 되면서, 평강의 의미를 배우기 시작할 것이다.

그러고 나면 당신은 "그 죄를 완전히 내버릴 수 있는 힘을 제게 주시옵소서"라고 편하게 기도하게 될 것이다. 성령님의 능력을 덧입어서, 당신은 그 죄를 버리고 그리스도를 위해서 살아가겠다는 헌신을 다짐할 수도 있다. 그 때부터 당신의 삶에는 변화의 신호가 보이기 시작하는 것이다.

내 생각에는 우리 그리스도인들 중에 고백을 정말 심각하게 생각하는 사람들이 그리 많지 않은 것 같다. 우리가 죄의 고백을 진정 심각하게 생각한다면, 우리의 삶은 근본적으로 달라질 것이다. 당신이 당신의 죄들에 대해 완전히 솔직해질 때, 당신에게는 뭔가가 일어난다. 당신이 닷새째 연속해서 스스로를 거짓말쟁이, 탐욕스러운 자, 사기꾼(manipulator)이라고 부를 수밖에 없었다면, 이런 생각이 들 것이다. '이 사실을 받아들이는 것도 이젠 지겨워. 하나님의 능력을 힘입어서 이 죄를 뿌리 뽑아 버려야겠어.'

하나님이 당신의 죄악들을 다루어 가심에 따라, 당신은 다음과 같은 바울의 말이 당신의 삶 속에서 성취되는 것을 보기 시작할 것이다. "누구든지 그리스도 안에 있으면, 그는 새로운 피조물입니다. 옛 것은 지나갔습니다. 보십시오. 새 것이 되었습니다"(고후 5:17).

감사: 고마운 마음을 표현하기

ACTS에서 T는 **Thanksgiving**(감사)을 상징한다. 시편 103:2은 말한다. "내 영혼아, 주님을 찬송하여라. 주님이 베푸신 모든 은혜를 잊지 말아라." 또 바울은 데살로니가전서 5:18에 이렇게 썼다. "모든 일에 감사하십시오. 이것이 그리스도 예수 안에서 여러분에게 바라시는 하나님의 뜻입니다."

고맙게 느끼는 것과 감사를 표현하는 것은 차이가 있는데, 어떤 사람들은 이 두 가지를 제대로 구분하지 않는다. 이 차이점을 잘 가르쳐 주는 고전적인 예는 누가복음 17:11-19에 나오는 열 명의 문둥병자가 고침을 받은 이야기다. 이 열 명이, 혐오스러우며 사회적 고립을 초래하는 불치병인 문둥병을 예수님한테서 완전히 고침 받고 돌아 나올 때, 엄청난 고마움을 느낀 사람은 과연 몇 명이나 되었을까? 물어 볼 필요도 없이, 열 명 다 그렇게 느꼈다. 하지만 그 중에 다시 돌아와서 예수님 발 앞에 엎드려 감사를 표현한 사람은 몇 명이었는가? 단 한 명이었다.

이 이야기에서 우리는 예수님의 감정을 살짝 엿볼 수 있다. 예수님은 감동하셨다. 처음에는 고마움을 느꼈으나 짬을 내어 그 마음을 표현하지 않은 사람들에 대해 실망하셨지만, 나중에는 다시 돌아와 감사하다는 말을 전하는 그 한 사람 때문에 흡족해하셨다.

부모들이여, 여러분은 자식 한 명이 여러분에게 마음에서 우러나는 감사를 표현할 때 그 기분이 어떤지를 알 것이다. 어느 여름날, 나는 아들 토드와 함께 마을 축제에 간 적이 있었다. 우리는 탈 것들 몇 가지를 신나게 탔고, 피곤해진 어린 아들 녀석은 집으로 돌아오는 차 뒷좌석에서 잠이 들었다. 그런데 고속도로로 들어선 지 몇 분 안 되었을 때, 아들은 내 어깨에 두 팔을 두르더니 "아빠, 그 축제에 데려가 주셔서 고마워요"라고 말하는 것이 아닌가. 나는 그 말에 어찌나 감동을 받았던지 차를 돌려 그 축제에 다시 가고 싶었다! 하나님은 우리 아버지시며, 우리가 감사를 표현할 때면 하나님도 감동하신다.

나는 매일 하나님께 네 종류의 축복에 감사를 드린다. 기도에 응답하심, 영적인 축복, 인간 관계에서의 축복 그리고 물질적인 축복에 대해서. 내 삶의 거의 모든 것이 이 중 어떤 범주에든 포함된다. 각 범주대로 감사를 표현하노라면, 나는 어느새 하나님이 내게 해주신 것들을 찬양하는 찬미로 되돌아가곤 한다.

간구: 도우심을 구함

하지만 이제는 **간구**—요청—를 해야 할 시간이다. 빌립보서 4:6은 이렇게 말한다. "모든 일을 오직 기도와 간구로 하고, 여러분이 바라는 것을 감사하는 마음으로 하나님께 아뢰십시오." 당신이 하나님을 찬미하고 당신의 죄를 고백하고 하나님이 주신 온갖 좋은 선물들에 감사를 드렸다면, 이제는 당신에게 필요한 것이 무엇인지를 아뢸 준비가 된 것이다.

너무 큰 일이어서 하나님이 다루실 수 없거나, 너무 작은 일이어서 하나님이 신경 쓰실 수 없는 일은 없다. 때로는 나도 내 요구가 합당한 것인지 아닌지 확실치 않을 때가 있다. 그래서 나는 하나님께 솔직히 말씀드린다. 이렇게 말이다. “주님, 제가 이것을 요구할 권리가 있는지 잘 모르겠습니다. 이 점에 대해서 어떻게 기도해야 할지 모르겠습니다. 하지만 이것을 당신께 올려 드리오니, 당신께서 어떻게 기도해야 할지를 가르쳐 주시면 제가 그렇게 기도하겠습니다.”

하나님은 그런 기도를 귀히 여기신다. 야고보는 말한다. “여러분 가운데 누구든지 지혜가 부족하거든, 모든 사람에게 아낌없이 주시고 나무라지 않으시는 하나님께 구하십시오. 그리하면 받을 것입니다”(약 1:5).

또 내가 어떻게 기도해야 할지 알고 있을 때는 이런 식으로 기도한다. “하나님, 이 문제에 대해서 제 마음은 이렇습니다. 당신께서 정말 그렇게 해주셨으면 합니다. 하지만 다른 계획이 있으시다면, 제가 끼어들어 방해하지 않기를 원합니다. 당신께서 저에게 원하는 것을 아뢰라고 하셨기에 이렇게 아뢰기는 하지만, 제가 구하는 것이 제게 유익한 선물이 아니거나, 지금이 적기가 아니거나, 제가 그것을 받을 준비가 안 되었다면, 괜찮습니다. 당신의 길은 제 길보다 높으시고, 당신의 생각은 제 생각보다 높으십니다. 당신에게 다른 계획이 있으시다면, 그 길로 가겠습니다.”

나는 간구 제목들을 몇 가지 범주, 즉 사역, 사람, 가족 그리고 개인적인 부분으로 나눈다.

사역 부분에서는 교회 사역자들, 교회 건축, 봉사 활동 그리고 교회 내의 모든 지체들을 위해 기도한다. 그리고 우리의 사역을 통해서 사람들이 살아 계신 그리스도를 대면하고 공허과 소외와 지옥에서 구출되어 하나님께 가까이 나아가게 해 달라고 기도한다.

사람 부분에서는, 지도자 위치에 있는 그리스도인 형제 자매들, 장로들, 당회 위원들 그리고 아픈 자들을 위해서 기도한다. 그리고 내 교제권 내에서 하나님으로부터 멀리 떨어져 있는 친구들을 위해서 기도한다. 하나님이 그들을 하나님께로 가까이 이끌어 주시도록.

가족 부분에서는, 내 결혼 생활과 자녀들을 위해서 기도한다. 또한 내가 하나님을 닮은 남편이 되게 해 달라고 간구하고, 재정 문제, 자녀 교육 문제, 휴가 등과 관련된 결정을 할 때도 하나님의 도우심을 간구한다.

개인적인 부분에서는, 내 성품에 대해서 기도한다. 이렇게 말이다. "하나님, 저는 좀더 의로워지고 싶습니다. 당신이 원하시는 성품을 제 속에 넣어 주사 제 성품을 변화시켜 주옵소서. 저는 그리스도의 형상으로 변화되기를 원합니다."

당신도 당신의 목적에 맞게 간구 제목들을 몇 가지 범주로 분류하고, 당신이 기도한 것들을 목록으로 기록해 보라. 그리고 3주 정도 지난 뒤에 앞으로 돌아가서 그 간구 제목들을 읽어 보라. 벌써 하나님이 해주신 것들이 눈에 띌 것이고, 아마 당신은 상당히 놀랄 것이다.

ACTS와 적는 기도

나는 기도 내용을 글로 적으면서 기도할 때 특별히 ACTS 공식이 유익하다는 것을 알게 되었다. **찬미**로 기도를 시작하면서 나는 이런 식으로 글을 적는다. "주님, 좋은 아침입니다! 오늘도 자유롭게 당신을 찬양하고 싶어서 이미 준비된 이 상쾌한 시간을 택했습니다. 계속 기도하고 싶고, 또 기도할 수 있는 시간, 잠시 멈추어서 당신에게 사랑 고백을 할 수 있는 이 시간을 말입니다. 당신은 정말로 놀라우신 하나님이십니다. 당신의 인격과 성품 앞에서 저는 무릎 꿇지 않을 수 없습니다. 당신은 거룩하고 공의롭고 의로우시며, 은혜가 풍성하고 자비롭고 공평하고 온유하고 사랑이 많으시며 아버지와 같고 늘 용서하는 분이십니다. 오늘 이렇게 당신과 교제하고 있다는 사실에 저는 온 몸이 떨려옵니다. 당신을 경배합니다."

찬미를 드린 후에는 죄의 **고백**으로 넘어가는데, 이렇게 적곤 한다. "제가 편애의 죄를 범한 것을 용서해 주옵소서. 저는 '모든 것을 제대로 갖춘' 사람들에게 훨씬 더 쉽게 저의 사랑과 관심을 기울이게 됩니다. 심지어는 무심결에 문제 있는 사람들은 피하고 있는 제 자신을 봅니다. 죄송합니다. 당신은 저를 편파적으로 사랑하지 않으시니 감사합니다. 용서해 주옵소서. 이제 저는 당신이 용서하셨음을 주장합니다." 그러고 나서 나는 펜을 들고 내가 적은 것에 X표를 한 뒤, 이렇게 말한다. "제가 이 죄에서 자유케 되었음을 감사드립니다. 이제 제 죄과의 기록이 깨끗해졌으니 마음이 기쁩니다. 저를 용서해 주셔서 감사합니다."

나의 경우 **감사**는 아주 쉽다. 나는 하나님이 구체적으로 기도에 응답해 주신 것에 감사드리고, 내 사역을 도우심에, 사람들의 좋은 반응에, 장로들과 사역진과 당회원들을 보호해 주심에, 물질적인 축복과 인간 관계에서의 축복 주심에, 기타 나를 행복하게 하는 것이면 무엇이든 그것을 주심에 감사드린다. 매일 주님께 감사를 드림으로써 탐심에서 자유로울 수 있고, 감사 제목들을 적음으로써 내가 얼마나 셀 수 없이 많은 축복을 누리고 있는지도 깨닫게 된다.

간구가 마지막 순서인 것을 나는 기쁘게 생각한다. 이제 하나님께 경배도 드렸고 내 죄도 고백했고 감사도 올렸기 때문에, 나는 마음 편하게 내 쇼핑 목록을 말씀드릴 수가 있으니 말이다. 사실 야고보서 4:2은, "여러분이 얻지 못하는 것은 구하지 않기 때문이요"라고 말한다. 나는 내게 필요한 것을 모호하게 말씀드렸었다. "저를 도와주시고 덮어 주시고 문제가 생기지 않게 해주세요"라는 식으로 말이다. 하지만 이런 기도는 이제 하지 않는다. 구체적인 간구 제목들을 차례로 아뢴 후에 그 문제들을 하나님께 맡기고 정규적으로 그 제목들을 다시 살펴본다. 하나님이 그 간구들을 어떻게 응답해 주셨는지를 보기 위해서이다.

기도를 마치고 일어설 때면, 마치 1톤 무게의 벽돌들이 내 어깨에서 내려진 것 같은 느낌이 든다. 베드로전서 5:7은 이렇게 말한다. "여러분의 걱정을 모두 하나님께 맡기십시오. 하나님께서는 여러분을 돌보고 계십니다." 기도할 때 나는 하나님께 그저 내 문제만 아뢰는 것이 아니라, 가장 큰 걱정거리들을 하나님께 넘겨 드리는 것이다. 일단 내 문제들을 하나님의 능력의 손 안에 맡겨 드리고 나면, 나를 짓누르는 걱정 근심에서 해방되어 하나님의 능력으로 그 날 하루를 살아갈 수 있게 된다.

일단 시작하라

일정하게 짜여진 기도 생활을 시작하기 위해서는 해야 할 일이 두 가지 있다. 오늘 한 가지를 해 보고 내일은 다른 한 가지를 해 보라. 그리고 둘 중 어느 것이 더 당신에게 맞는지 보라.

기도를 적는다. 종이 한 장에다가 수평으로 세 개의 줄을 그어 네 칸이 생기게 한다. 각 칸마다 A, C, T, S라고 적는다.

첫 칸에는 찬미의 글을 한 문단 적으라. 특별히 오늘 당신의 마음을 움직이는 하나님의 성품을 적어 보라.

두 번째 칸에는 죄의 고백을 적는다. 양심에 걸리는 죄를 구체적으로 밝힌다. (기도를 마친 다음에 이 종이는 불에 태워도 좋다!)

세 번째 칸에는 당신이 감사하게 여기는 하나님의 축복들을 적는다.

그리고 네 번째 칸에는 당신의 간구 제목들을 적으라. 무엇이든 좋다.

큰 소리로 아뢰라. 245페이지에 가면 "개인 및 그룹 기도를 위한 안내"가 마련되어 있다. 거기에서 제안한 대로 따라 기도하되, 먼저 성경 구절을 큰 소리로 읽고 생각나는 대로 당신 자신의 기도를 더 첨가하면 좋겠다. 이 안내서는 개인 기도나 그룹 기도 시간에 활용할 수 있다. 개인 기도를 할 때는 종이에 적는 방법을 쓰고, 다른 사람들과 함께 기도할 때는 여기 나오는 의식들을 활용하는 것도 좋다.

꾸준히 기도하라. 오늘도 이렇게 저렇게 기도하고, 내일도 다시 기도하고, 모레도 또 기도하라. ACTS 유형으로 실험을 해 보라. 당신의 상황에 맞게 각 범주를 각색도 해 보라. 하지만 기도할 때마다 각각의 범주를 두루 다 기도해야 한다는 것을 명심하라. 균형잡힌 기도에서 오는 축복을 경험하라.

그리고 하나님이 당신의 삶 속에서 어떤 일을 행하시는지를 보라.

묵상과 토론을 위한 질문들

1. 저자는 균형잡힌 기도 생활을 위해 ACTS라는 방법을 소개한다. 이 네 가지 요소 중에서 당신에게 가장 쉽게 다가오는 것은 무엇인가? 당신이 가장 자주 빼먹는 요소는 무엇인가?

2. 찬미로 기도를 시작하는 것은 어떤 유익이 있는가?

3. 죄의 고백이 주는 유익에는 어떤 것들이 있는가?

4. 하나님께 마음으로 감사히 여기는 것과 그것을 표현하는 것은 어떤 차이점이 있는가? 왜 하나님은 우리에게 감사를 표현하라고 요구하시는 걸까?

5. 당신이 기도 중에 하나님께 요청하는 것들은 어느 범주에 속하는가? 당신이 가장 많은 관심을 두는 범주는 어느 것인가?

산을 옮기는 기도 7

예수님은 이렇게 말씀하셨다. "내가 진정으로 너희에게 말한다. 너희가 믿고 의심하지 않으면,…이 산더러 '들려서 바다에 빠져라' 하고 말해도, 그렇게 될 것이다. 또 너희가 기도할 때에, 이루어질 것을 믿으면서 구하는 것은, 무엇이든지 다 받을 것이다"(마 21:21-22).

성경 말씀에 따르면, 신자들은 자신의 기도가 응답될 것을 확신해도 된다. 우리의 기도는 소원이나 바라는 것, 혹은 나약한 소망 그 이상이다. 단, 우리가 믿는 마음으로, 믿음으로 충만한 마음으로 기도할 때에만 그럴 것이다. 이것이 바로 산을 옮기는 기도다.

물론 예수님은 굴착 사업을 한 것은 아니다. 그분은 바위덩어리들을 깊은 바다로 옮기는 따위의 일에는 별 관심이 없으셨다. 여기서 예수님이 말씀하신 **산**이란 비유적인 표현이다. 당신의 행로를 막고 서 있는 산이 무엇이든지, 당신의 길을 방해하는 장애물이 무엇이든지, 당신을 옴짝달싹 못하게 하는 어려움이 무엇이든지, 믿음의 기도는 그것들을 제거할 수 있다.

말은 좋게 들리지만, 그렇다면 우리는 어떻게 믿음으로 충만한 기도를 할 수 있겠는가? 어떻게 이런 도로 봉쇄물들을 제거할 수 있는 확신을 키워 나갈 수 있겠는가?

산을 움직이는 믿음을 세워 나갈 수 있는 몇 가지 일반적인 지침을 제시할 수도 있겠지만, 솔직히 그 목록을 읽는 것이 하나님에 대한 믿음을 굳건히 할 수 있는 최상의 방법이라고 생각하지는 않는다. 그래서 나는 좀 다르게 접근해 보고자 한다. 우선 나는 두 가지 실제적인 원칙을 제시할 것이다. 그런 다음에 그 원칙을 현실에 적용한 예를 보여 줄 것이다. 하나는 내 인생에서 있었던 일이고, 다른 하나는 3천 년 전에 있었던 일이다.

초점을 산에 맞추지 말라

첫 번째 원칙은, **믿음이란 산이 아니라 하나님을 바라볼 때 오는 것**이라는 사실이다.

몇 년 전에 나와 우리 교회의 찬양팀은 한 기독교 지도자의 초청으로 남부 인도를 방문한 적이 있었다. 거기서 우리는 미국 각지에서 온 사역팀들과 합류할 예정이었다. 하나님은 이슬람교도들, 힌두교도들, 무교인 사람들을 그리스도께로 돌아오게 하는 데 우리를 사용하실 거라는 말을 사전에 들었다. 우리는 모두 그리로 가라는 하나님의 부르심이 있다고 느끼기는 했지만, 거기서 무슨 일이 있을지는 아무도 몰랐다.

그 곳에 도착하자 인도인 기독교 지도자 한 명이 우리를 마중 나오더니 자기 집으로 초대했다. 그 후 며칠 동안 그는 우리에게 자신이 하고 있는 사역에 대해 말해 주었다.

열정적인 기독교 지도자이자 설교가였던 그의 아버지는 힌두교도들이 다수인 지역에서 사역을 시작했다. 그러던 어느 날 힌두교 지도자가 그의 아버지를 찾아와 기도를 해 달라고 요청했다. 그의 아버지는 그 힌두교 지도자와 너무도 같이 기도하고 싶고, 또 그를 그리스도께로 인도하고 싶은 마음에, 그를 자기 방으로 데리고 들어갔다. 그러고는 그와 함께 무릎을 꿇고 눈을 감고 기도하기 시작했다. 그런데 그의 아버지가 기도하는 사이에, 이 힌두교도는 품 속에 넣어 둔 칼을 꺼내 그의 아버지를 사정없이 찔렀다.

그 친구는 아버지의 비명 소리를 듣고 달려왔다. 그가 아버지를 품에 안고 있는데, 피가 그 오두막집 바닥으로 콸콸 쏟아져 나왔다. 결국 사흘 후에 그의 아버지는 돌아가셨다. 그의 아버지는 임종의 자리에서 아들에게 이렇게 말했다고 한다. "그 사람에게 말해 다오. 그를 용서한다고. 그리고 네 어머니를 잘 모시고 이 사역을 계속 해 나가다오. 어떤 값을 치르더라도 사람들을 그리스도께로 인도해야 한다."

대부분의 사람이 꿈꾸는 것보다 훨씬 더 큰 용기와 믿음으로 분발한 이 하나님의 사람은 그러마고 대답했다. 그리고 지난 20여 년 동안 그는 믿을 수 없을 정도로 엄청난 열정으로 사역을 해 왔다. 100개가 넘는 교회를 개척했고, 병원도 세웠으며, 그 외에도 다양한 사역들을 많이 감당해 왔다.

해마다 보통 2월에, 그는 넓은 공원을 빌려서 무대를 설치한다. 임시변통으로 음향 기기를 마련하고 집에서 쓰던 전선을 연결해 전구도 설치해서, 그 곳에서 일주일 동안 전도 집회를 개최한다. 그리고 포스터나 온 동네를 돌며 확성기로 이 집회를 홍보한다. 그러면 수천 명의 사람들이 와서 무대 앞쪽 땅바닥에 자리잡고 앉는다. 이쪽에는 남자들이, 저쪽에는 여자와 아이들이.

저녁 집회는 여섯 시에 시작된다. 약 30분 동안은 미리 악기로 연주해서 녹음한 음악을 들려준다. 그 다음에는 특별히 선택한 음악을 두 곡 들려준다. 그 다음은 예비 설교 시간이다. 이 설교는 교훈적이고 실제적이며 일상의 삶에 적실한 것으로서, 그 목표는 청중에게 기독교란 이치에 맞다는 점을 보여 주는 데 있다.

여덟 시쯤 되면 음악을 두 곡 더 들려주고, 그 다음에 주제 설교를 한다. 이 설교는 항상 예수 그리스도라는 인물에 중점을 둔다. 설교의 내용은 예수가 과연 누구이며 무슨 일을 했는지, 어떻게 돌아가셨고, 어떻게 그의 죽음으로 죄의 대가를 치르는지, 또 그의 부활은 어떻게 그를 믿고 신뢰하는 자들에게 능력을 부어 주는지에 대한 것이다.

아홉 시부터 아홉 시 반까지는 청중에게—그들이 힌두교도든 이슬람교도든 무교주의자든—그리스도를 믿으라고 초청하는 시간이다. 앞으로 나와 용서와 죄 씻음을 받고 영생을 얻으라고 초청한다. 그 집회가 열리는 순간에도 그들이 믿고 있던 다른 신이나 다른 종교들은 다 버리고, 오로지 예수님만을 믿고 신뢰하라고 도전한다.

인도에서 주어진 식은땀 나는 사역

화요일부터 목요일까지는 내가 감당할 만한 역할을 할당받았다. 규모가 훨씬 작은 아침 집회 때 설교를 하거나 저녁 집회에서 예비 설교를 하는 정도의 일뿐이었다. 하지만 금요일이 다가오자 그 사역팀의 지도자 한 분이 이렇게 말하는 것이 아닌가. "하나님의 인도를 받은 것이 있는데요, 오늘 밤 주제 설교는 목사님께서 해주셨으면 합니다." 어안이 벙벙해진 채로 왜 나는 그런 인도하심을 못 받았을까 의아해했다!

아무리 통역이 있다 해도 내가 청중과의 언어 장벽을 극복한다는 건 거의 불가능해 보였다. 그 문화에도 익숙치 않았기 때문에 청중의 상황에 적절하게 설교할 수 없었다. 적절히 유머를 사용하기도 힘들 것이다. 불확실한 것이 너무도 많았기 때문에, 기도한 지 30초만 지나면 의심과 두려움으로 기도가 중단되곤 했다. '도대체 무슨 소용이 있을까? 이 장벽들은 도저히 넘어설 수가 없는걸' 하는 생각이 들었다.

드디어 저녁 시간이 되었다. 우리는 인력거를 타고 공원으로 갔다. 공원이 가까워지자 확성기를 통해서 예비 설교가 들려왔다. 오그라들 것만 같은 두려움(paranoia)을 추스를 시간이 약간 있었다.

우리는 무대 뒤편에 자리잡고 앉았다. 청중석을 둘러보니 사람들이 인산인해를 이루어 내 생애에서 가장 많은 사람이 모인 집회 중 하나였다. 그 때 인도인 지도자 한 사람이 나를 쿡쿡 찌르면서 이렇게 말했다. "오늘 밤엔 2만 명, 아니 어쩌면 3만 명은 되겠네요." 그 말을 들으니, 실낱 같은 확신마저 다 사그라지는 느낌이었다.

나는 생각했다. '이런 끔찍한 일이 있나. 내가 도대체 여기서 뭘 하고 있는 거지?' 그러고는 무대 저편을 건너다 보니, 이 사역의 총지도자와 그가 신임하는 몇몇 지도자들이 땅바닥에 얼굴을 대고 기도하고 있었다. '저 형제들이 무얼 기도하고 있는지 알 것 같군. 주제 설교를 할 이 미국 사람 때문에, 몇 분 되지 않아 공원의 온 청중이 자리를 박차고 일어날 것을 이제야 깨달은 게야!'라고 생각했다.

나는 알고 있었다. 기도하고 있는 저들이 하나님의 메시지를 전하느라고 얼마나 가난하게 살고 있으며, 얼마나 믿을 수 없이 어려운 일들과 싸우고 있는지를. 그들은 헛된 종교에 사로잡혀 있는 사람들에게 예수 그리스도라는 진리를 알게 하기 위해 전 인생을 바친 사람들이었다. 그리고 그들이 1년 동안 가장 심혈을 기울이는 사역이 바로 이 연례 집회인 만큼, 내 서투른 설교 때문에 그들의 사역에 금이 갈 것을 생각하니 가슴이 미어졌다.

오 신실하신 주

바로 그 때 예비 설교가 끝났다. 내가 최전선으로 투입될 시간이 10분 정도 남은 것이다. 잠시 후 우리 교회 출신의 찬양 가수가 찬양을 부르러 마이크 쪽으로 올라갔다. 나는 이런 생각을 했다. '사실은 내가 저 자매를 기도로 밀어 줘야 하는데. 하지만 다음이 내 차례 아닌가. 일단 내 발등의 불이나 끄고 보자구.'

내 기도는 더욱 간절해지기 시작했다. '오 주님, 저를 구해 주옵소서. 비를 보내시든지, 제가 싹 사라져 버리게 해주소서!' 산이 너무도 커 보여서 하나님께 그 산을 옮겨 달라는 기도를 할 겨를이 없었다. 차라리 그 산이 그냥 머리 위로 무너져서 나를 이 곤경에서 벗어나게 해주면 좋을 것만 같았다.

내가 이렇게 의심 가득한 마음으로 허둥대며 가련한 기도를 드리고 있는데, 찬양 가수의 노래 소리가 희미하게 들려오기 시작했다.

오 신실하신 주 내 아버지여
늘 함께하시니 두렴없네
그 사랑 변찮고 날 지키시며
어제나 오늘이 한결같네
오 신실하신 주 오 신실하신 주
날마다 자비를 베푸시며
일용할 모든 것 내려주시니
오 신실하신 주 나의 구주

우리 찬양 가수도 청중의 언어를 모르기는 마찬가지였다. 그렇기 때문에 그 자매는 그저 노래만 읊조릴 수가 없었다. 마음과 마음으로 통해야만 했던 것이다. 그렇지 않으면 아무 일도 일어나지 않을 것이었다. 그리고 그녀가 무대 저편에 있는 수천 명의 사람과 마음과 마음으로 대화를 하고 있는 동안, 그녀는 또한 마음이 약해지고 의심이 가득하며 믿음이 다 고갈되어 버린 한 목사와도 대화를 하고 있었다. 그 청중보다도 훨씬 더 그 노래가 필요한 목사와 말이다.

"오 신실하신 주"라는 가사를 들으면서 내 마음에 변화가 생기기 시작했다. 가사가 머리 속에 맴돌기 시작하면서, 내가 그 날 하루 종일 무엇에 관심을 쏟고 있었는지가 새삼스레 떠올랐다. 나는 나 자신에게만 초점을 맞추고 있었다. 내 언어 장벽, 내 문화적 혼돈, 내 경험 부족, 내 연약함, 실패에 대한 내 두려움, 엄청나게 많은 청중에 대한 내 공포감. 내 앞에 있는 산만 뚫어져라 쳐다보니, 그 산을 움직일 수 없는 내 무능함만 눈에 들어왔다.

하나님의 능력 대신 내 무능함만 바라보고 있었기에, 내 기도는 그렇게 가련할 수밖에 없었던 것이다.

초점의 변화

찬양이 계속되는 동안, 나는 스스로에게 이렇게 말했다. '잠깐만 기다려! 지금 당장 관심의 초점을 바꾸자. 하이벨스를 보지 말고 하나님을 바라보자.'

시간은 별로 없었지만, 나는 아주 절절하게 기도하기 시작했다. '하나님, 제가 기도합니다. 이 세상의 창조주시며 우주의 왕이시고, 전능하시며 전지하시며 온전히 신실하신 하나님께 기도합니다. 산들을 만드시고, 필요하다면 그 산들을 옮기실 수 있는 하나님께 기도합니다. 저에게 늘 신실하셨던 하나님, 제가 얼마나 두려워하고 있든, 상황이 얼마나 어렵게 보이든 상관없이 저를 절대 실망시키지 않으셨던 하나님께 기도합니다. 저를 통해 열매 맺기를 원하시는 하나님께 기도합니다. 그리고 그 하나님이 오늘 밤 저를 사용하실 줄로 믿습니다. 제가 잘나서가 아니라, 하나님이 위대하시기 때문입니다. 하나님

은 신실하십니다.'

찬송가가 끝날 때쯤 되자, 내 속사람은 달라져 있었다. 물론 내 순서가 나중으로 연기된다면 기꺼이 그렇게 할 마음도 없진 않았지만, 더 이상 전전긍긍하지는 않게 되었다. 앞으로 전진할 마음이 생겼다. 이제는 신실하신 하나님만이 나의 온전한 관심의 대상이었기 때문이다. 통역관과 함께 강단으로 올라가면서, 나는 산을 움직이는 기도를 하였다. 왜냐하면 그 기도의 초점은 내 부족함(inadequacy)이 아니라 하나님의 충족함(adequacy)에 단단히 고정되어 있었기 때문이다.

그 날 밤, 나는 성령님이 주시는 확신에 차서 설교를 했다. 그 확신은 하나님의 충만한 능력(sufficiency)에 근거한 확신이었다. 나는 누군가가 그들의 죄의 대가를 치르기 위해서 피 흘렸다는 사실을 말했다. 그 사람은 부처도, 힌두교의 신도, 신화나 동화책 속에 나오는 인물도 아니고, 바로 사람들이 예수라고 불렀던 실제 인물이며 하나님의 외아들이었다. 나는 그들에게 계속 반복해서 말했다. "여러분은 그분께 아주 소중한 존재들이랍니다. 그분은 **여러분의** 죄를 용서해 주기 위해서 피를 흘리지 않으셨습니까. 그러므로 여러분이 이 예수님께 믿음과 신뢰를 둔다면 여러분은 자유케 될 수 있습니다." 설교하는 동안, 나는 하나님이 역사하고 계시다는 것을 알 수 있었다.

설교가 끝났다. 그리고 사람들에게 그리스도를 믿으라고 초청하는 시간이 되었다. 나는 무대 뒤로 돌아가서 무릎을 꿇고 기도하기 시작했다. "주님. 이 사람들이 당신에게 얼마나 소중한 사람들인지 잘 알고 있습니다. 그들을 당신께로 이끌어 주옵소서."

수십, 수백 명이 앞으로 나왔다. 각양 각색의 힌두교도, 이슬람교도, 무교주의자들이 남녀노소 할 것 없이 앞으로 나왔다. 너무나 많은 사람들이 나와서 나는 가슴이 터져 버릴 것만 같았다. 그렇게 앞으로 나와 그리스도 안에서 새 생명을 발견한 그 사람들 때문에, 나는 기뻐서 어쩔 줄 몰랐다. 그리고 또한 그 날 밤, 하나님이 기도를 통해 **두려움**이라 이름 붙은 산을 옮겨 바다 한가운데 내던지셨다는 사실 때문에 기뻐서 어쩔 줄 몰랐다.

그 날 밤 나는 한 가지 사실을 깨달았다. 하나님은 장벽을 보지 않으신다는 사실을. 하나님은 나를 사용할 준비가 되어 있으시다. 내가 산 대신 하나님께 초점을 맞추니까, 하나님도 나를 통해서 역사하실 수가 있었다.

앞으로 전진하기

산을 옮기는 믿음의 두 번째 원칙은 이것이다. 즉, **우리가 하나님과 동행하면, 하나님은 우리에게 믿음을 주신다**는 것이다.

구약에 나오는 한 사건은 이 원칙을 잘 보여 준다. 여호수아 3장은 이스라엘 백성들이 요단 강가에 진을 치고 있는 장면으로 시작된다. 40년 전에 이들은 기적적으로 이집트를 탈출했다. 그리고 한 세대 동안 광야에서 고달프게 방랑하는 동안, 하나님은 기적적으로 그들의 모든 필요를 채워 주셨다. 이제 그들은 약속의 땅 가나안을 목전에 두고 있었지만, 그들 앞에는 엄청난 문제가 놓여 있었다. 강이 그들의 가는 길을 가로막고 있었던 것이다. 편하게 돌아갈 수 있는 길도 없었다. 설상가상으로, 마침 홍수 기간이어서 보통 때는 여울목이었던 곳

들조차 건널 수가 없었다. 물은 깊고 세차게 출렁거렸다.

하나님은 쉽게 그들의 눈앞에서 물길을 잠재우실 수도 있었다. 강 위에 넓은 다리를 던져 주실 수도 있었다. 하지만 하나님은 그렇게 하지 않으신다. 그 대신 여호수아에게 이상한 명령을 내리시고, 여호수아는 그 명령을 각 진에 전달한다.

첫째로, 각 진의 지휘관들은 백성에게 언약궤를 잘 보고 있으라고 명령한다. 그리고 제사장들이 언약궤를 들어서 메는 것을 보는 즉시, 그 뒤를 따르라고 한다.

둘째로, 여호수아는 백성들에게 놀라운 일이 일어날 것이니 기대하라고 말한다.

셋째로, 여호수아는 제사장들에게 언약궤를 메고 나아가서 강에 들어가 서 있으라고 명령한다.

첫발을 내디디라

이건 용기가 좀 필요한 일이다. 물론, 하나님이 강 한가운데로 마른 땅을 내주시겠다고 말씀은 하셨지만, 제사장들은 그런 일이 일어나는 걸 전혀 본 적이 없었다(홍해가 갈라질 때 이들은 태어나지도 않았다).

제사장들은 성인기를 온전히 광야에서 보냈기 때문에, 수영도 할 줄 몰랐다. 사실 그들이 이렇게 가까이서 강을 본 것도 이번이 처음일 가능성이 높다. 물론 요단 강이 아마존 강이나 미시시피 강처럼 크지는 않지만, 홍수 시기에는 그렇게 만만한 강이 아니다. 그리고 불안해

하는 수십 만 이스라엘 백성들이 그들 뒤를 따르고 있는 마당에, 강물이 계속 출렁거리며 흐른다고 해서 마음을 바꾸어 길을 돌이키기도 어려웠을 것이다.

여러 애로사항에도 불구하고, 제사장들은 순종할 만한 믿음이 있었고, 그리하여 다음과 같은 일이 일어났다. "그 궤를 멘 제사장들의 발이 요단 물가에 닿았을 때에, 위에서부터 흐르던 물이 멈추었다.… 온 이스라엘 백성이 마른 땅을 밟고 건너서, 온 백성이 모두 요단 강을 건널 때까지, 주님의 언약궤를 멘 제사장들은 요단 강 가운데의 마른 땅 위에 튼튼하게 서 있었다"(수 3:15-17).

하나님은 강물이 갈라질 거라는 확실하고 절대적인 증거를 제사장들에게 미리 주지 않으셨다. 그들이 강물에 발을 담글 때까지는 아무것도 보여 주지 않으셨다. 헌신과 순종의 첫발을 내딛기 전까지는 말이다. 그들이 그렇게 했을 때에야 비로소 하나님은 강물을 멈추게 하셨다. 마찬가지로, 우리가 한 발을 내디뎌 주님의 지시하심을 따를 때, 산을 옮기는 믿음이 우리에게 주어질 것이다.

산들아, 물렀거라

어떻게 하면 우리는 믿음으로 충만해서 산을 옮길 수 있는 기도를 할 수 있겠는가? 우리의 초점을 산의 크기에서 돌려 그 산을 옮기시는 분의 능력에 맞추고, 한 발을 내디뎌 순종함으로써 가능하다. 그렇게 하나님과 동행할 때, 우리의 믿음이 자라고 확신도 커져서 우리의 기도도 능력을 발휘하게 될 것이다.

이스라엘 자손들이 약속의 땅 주변에 자리를 잡는 동안, 12명의 정탐꾼은 그 땅을 조사하러 갔다. 그 중 10명은 돌아와서 이렇게 말했다. "그 도시들과 군대와 거민들이 어찌나 큰지 당신들은 상상도 못할 겁니다. 다른 곳을 찾아보는 게 낫겠습니다." 하지만 두 명은 돌아와서 이렇게 말했다. "신실하신 하나님께서 이 땅을 우리에게 주겠다고 약속하셨으니, 그분의 힘을 의지하여 나아갑시다." 10명은 산의 크기를 보고 뒷걸음질쳤고, 단 2명만이 그 산을 옮기시는 분의 능력을 바라보며 앞으로 전진하기를 희망했다. (민 13장에 나오는 이야기를 읽어 보라.)

이스라엘의 군인들은 언덕 위에 서서 전장을 내려다보고 있었고, 블레셋의 대장 골리앗은 큰소리 뻥뻥 치며 그들을 위협하고 있었다. 군인들은 말했다. "우린 내려가서 저 자와 싸우지 않을 거야. 그는 키가 2미터가 넘잖아. 저 갑옷 좀 봐! 창 좀 봐! 저 창에 갈빗대가 부러지고 싶진 않아." 하지만 사춘기 소년 목동이었던 다윗은 밖에 나와서 전장을 살펴보고는 이렇게 말한다. "우리 하나님이 얼마나 크신지 보세요. 제가 가겠습니다!" (삼상 17장에 나오는 이야기를 읽어 보라.)

살아 있는 인간이라면 누구에게나 꿈쩍 않고 자신을 가로막고 있는 산이 최소한 한 가지씩은 있을 것이고, 지금 그 산의 그늘에 서 있을 수도 있다. 그것은 파괴적인 습관이나 인격적 결함, 힘든 결혼 생활, 혹은 직장 문제나 재정 문제, 신체적 장애일 수도 있다. 꿈쩍도 안 하는 당신의 산은 무엇인가? 그 산 그늘에 너무도 오래 서 있어서 그 어두움에 익숙해져 버린 건 아닌지? 기도를 마치면서 '이게 다 무슨 소용이람'이라고 생각하지는 않는지?

나는 당신에게 기도의 초점을 바꾸라고 도전하는 바이다. 주님께 당신의 산에 대해 설명하느라고 너무 시간을 허비하지 말라. 그 산이 무엇인지 주님은 다 알고 계신다. 오히려 산을 옮기시는 분께로 관심을 돌리라. 그분의 영광과 능력과 신실하심에 초점을 맞추라. 믿음 안에서 행하며 그분의 인도하심을 따르라. 그리고 산이 옆으로 비켜서는 것을 지켜보라.

묵상과 토론을 위한 질문들

1. 인생에 어려움이 닥칠 때, 당신은 보통 어떻게 반응하는가?

2. 당신은 기도 중에 하나님께 집중하는 시간과 당신의 문제에 집중하는 시간 중 어느 것이 더 많은가?

3. 우리가 기도 중에 하나님께 더욱 집중하지 못하도록 방해하는 요소들은 무엇인가?

4. 기도 생활에서 어떻게 하면 좀더 하나님께 집중할 수 있겠는가?

5. 당신은 하나님이 당신의 삶 속에 그대로 두기로 작정하신 영적인 산들이 있다고 생각하는가? 그것은 당신의 기도 생활에 어떤 영향을 주는가?

막힌 담을 허무시는 하나님

기도는 인간의 자율성에 대한 도전이요 독립적인 삶에 대한
고발이다. 단호하게 자기 나름대로의 길을 가고 있는 바쁜 사람들에게
기도는 매우 황당한 방해꾼이 아닐 수 없다. 기도는 우리 인간의 교만한 본성과는
아주 이질적인 것이다.
그런데도 언제 어디선가, 어쩌면 우리 모두는
털썩 무릎을 꿇고 머리를 조아리며 오로지 하나님께만 관심을 기울인 채 기도할 수밖에 없는 시점에
다다른다. 혹시라도 누가 볼까 싶어
주변을 두리번거릴수도 있고,낯이 뜨거워질 수도 있다.
하지만 그 낯설음에도 불구하고 우리는 기도를 하는 것이다.
왜 우리는 기도에 마음이 끌리는 걸까?
여기에는 두 가지 설명이 가능하다.
하나님의 임재에 둘러싸여우리가 기도하는 이유는, 직관적으로건 경험적으로건 하나님과의 가장 친밀한 연합은
오로지 기도를 통해서만 얻을 수 있다는 것을 알고 있기 때문이다.
시련이나 시험을 당해본 사람들, 가슴아픈 일이나 슬픈 일, 혹은 실패나 낙담,
외로움이나 차별을 겪어본 사람들에게 물어보라. 그들이 마침내 무릎을 꿇고 주님께 마음을 쏟아
그들의 영혼에 무슨 일이 일어났는지를.

8 응답받지 못하는 기도

교회에서 나를 만나거나 내 사무실로 전화를 거는 사람들 중에 거의 일주일에 한 명 정도는 이렇게 질문한다. "목사님. 예수님도 '구하라 얻을 것이요, 찾으라 찾을 것이요, 문을 두드리라 그러면 너희에게 열릴 것이니'라고 말씀하시지 않았던가요?"

갓 태어난 사람도 아니고, 그런 식으로 말문을 연 대화가 보통 어디로 흘러가는지를 잘 알고 있는 나로서는, 예수님이 마태복음 7:7에서 하신 말씀을 신학적으로 토론하기보다는 단도직입적으로 이렇게 물어 본다. "자매님(혹은 형제님)은 무어라고 기도하고 있길래 하나님이 응답하시지 않을까 봐 걱정하세요? 문제의 근본부터 짚어 봅시다." 그렇게 대답을 하면 그들이 혼돈스러워하는 것, 좌절되는 것들을 솔직하게 쏟아놓는 경우가 어찌나 많은지, 놀라울 정도다.

□ 남편이 술을 그만 마시게 해 달라고 계속 기도하고 있는데, 어

젯밤도 술에 취해 들어왔답니다.

□ 취업을 위해 기도하고 있는데, 쉰 살 먹은 중견 매니저를 쓰겠다는 사람이 도통 없답니다.

□ 아내의 우울증 때문에 기도하고 있는데, 이제는 자살을 하겠다고 으름장을 놓습니다.

하소연은 매주, 매달, 매년, 끝도 없이 이어진다. 내가 상담한 사람들 중에는 응답되지 않은 기도 때문에 의아해하는 사람들, 아니 좀더 정확히 말해서 고통스러워하는 사람들이 얼마나 많은지 셀 수 없을 정도다. 그 중에서도 가장 심하게 고통스러워하는 사람들은 바로, 기도가 산을 옮길 수 있다고 진정으로 믿는 사람들이다.

나는 개인 상담 시간에, 기도가 응답되지 않아 힘들어하는 사람들과 상담을 하는데, 그 때 활용하는 간단한 원칙이 있다. 이건 내 친구 목사한테서 얻은 것이다.

□ 요청이 잘못된 것이라면, 하나님은 "안 돼"라고 말씀하신다.

□ 아직 적기가 아니라면, 하나님은 "천천히"라고 말씀하신다.

□ 당신이 틀렸다면, 하나님은 "성장하라"고 말씀하신다.

□ 하지만 요청도 올바르고 시기도 적절하며 당신도 올바르다면, 하나님은 "좋아"라고 말씀하신다.

이번 장에서는 앞의 두 가지 경우, 즉 요청이 잘못된 경우와 적기가 아닌 경우를 살펴볼 것이다. 세 번째 문제는 제9장에서 좀더 자세히 살펴보기로 하자.

부적절한 요청

먼저, 요청이 잘못되었을 경우, 하나님은 "안 돼"라고 말씀하신다. 어떤 기도 제목들은 그 의도가 아무리 좋다 할지라도 부적절한 경우가 있다. 예수님의 제자들도 잘못된 요청을 한 점에서는 예외가 아니었다. 심지어 예수님과 가장 가까이 지냈던 세 사람, 베드로, 야고보, 요한도 마찬가지였다.

이 유명한 제자 셋이 한번은 예수님을 따라 높은 산꼭대기까지 올라간 적이 있었다. 갑자기 하나님의 충만한 영광이 내려와 예수님을 감쌌고, 모세와 엘리야가 그 옆에 나타났다. 자기들이 서 있던 곳에서 불과 서너 발자국 떨어진 곳에서 하나님의 찬란한 영광을 목격한 베드로, 야고보, 요한은 경이감에 사로잡혀 뒤로 물러섰다. 그 때 베드로에게 명민한 생각이 떠올랐다. 그의 요청을 대충 풀어 보자면 이런 식이었다. "예수님. 저희가 여기에 당신과 모세와 엘리야를 위해서 초막 셋을 짓겠습니다. 주님과 이 산에 머무르며 그 영광에 흠뻑 빠져 산다면 얼마나 좋겠습니까!"

그러나 예수님은 즉시 단호하게 **안 돼**라고 대답하셨다. 짙은 구름이 이들을 에워싸서, 더 이상 대화를 못하게 막아 버렸다. 예수님과 제자들은 사람들이 살고 있는 저 아래 땅에 내려가서 해야 할 일이 아직 있었다. 산꼭대기에만 머물 수는 없었던 것이다. 베드로의 요청은 부적절한 것이었고, 따라서 예수님은 그 요청을 들어주시지 않았다. (전체 이야기를 보고 싶으면 마 17:1-8; 막 9:2-8; 눅 9:28-36을 보라.)

또 한번은 야고보와 요한이 자기들의 어머니와 함께 예수님께 나아왔다. 예수님의 나라에서 자기네 둘한테 가장 좋은 자리를 내어 달라는 요청을 하면서. 그 말은 그저 전망이 좋은 자리를 달라는 의미가 아니라, 자기들이 예수님의 사역의 최고 경영자가 되고 싶다는 의미였다. 그 말에 예수님은 "안 돼"라고 말씀하셨다. "너희들은 너희가 달라고 하는 게 무엇인지 제대로 모르고 있구나. 나의 영광이 드러나기 전까지 나의 나라에는 엄청난 고통과 어려움이 따를 것이다. 게다가 영광의 자리는 이미 모두 예약이 되어 있단다." 다시 말해서 "너희의 요청은 부적절하다. 따라서 들어줄 수가 없구나"라고 말씀하신 것이다. (이 이야기는 마 20:20-23; 막 10:35-40에 기록되어 있다.)

야고보와 요한은 잘못된 것을 요청하는 데 탁월한 재주가 있었던 것 같다. 변화산 사건 후에 언젠가 예수님과 제자들은 사마리아의 한 마을에 들어갔다가, 그 마을 사람들에게 거부당한 적이 있었다. 이에 야고보와 요한은 어찌나 화가 끓었던지 하늘에서 불을 내려 이 마을을 태워 버리자고 예수님께 요청했다. 예수님은 그들의 요청을 또다시 거절하셨다. 사실 예수님은 그렇게 말하는 그들을 꾸짖으셨다. (눅 9:51-56에 이 이야기가 나온다.)

너무 사랑하기 때문에 들어줄 수 없는 마음

제자들이 그렇게 잘못된 요청—전적으로 자기 만족적이고, 완전히 물질적이며, 근시안적이고 미성숙한 요청—을 할 수 있는 사람들이었다면, 나나 여러분도 마찬가지다. 다행히도, 우리 하나님은 우리를 너무나 사랑하시기 때문에 부적절한 요청은 들어주시지 않는다. 그런 기도에 응답은 하시겠지만, 안 된다고 응답하실 것이다. 그렇게도 안 하시는 그런 하나님은 나도 원치 않을 것 같다.

기도할 당시에는 적절한 요청으로 보였지만 결국 그렇지 않았던 기도들에 대해서, 하나님이 '안 돼'라고 말씀해 주신 것을 나는 뒤늦게나마 감사드리곤 한다. 한번은 우리 교회에 아주 중요한 직책이 비어서 적당한 사람을 물색한 적이 있었다. 그 사람을 찾기 위해 우리는 몇 년 동안 기도를 했다. 그 자리를 맡아 줄 적당한 사람을 하나님이 보여 주시기를 말이다. 그러던 중 우리 모두에게 동시에 떠오르는 사람, 그 자리를 맡기기에 안성맞춤이라고 생각되는 사람이 있었다. 우리는 우리가 찾던 사람이 이 사람인지를 하나님께 여쭈어 본 다음, 일을 진행하기로 합의하고 믿음으로 이 사람을 만나 보기로 했다.

장로들은 이 사람을 만나서 우리 목회진에 합류할 생각이 있는지 타진해 보는 일을 내게 위임했다. 나는 그를 어느 식당으로 안내해서 함께 맛있게 점심 식사를 했다. 그 시간 내내 나는 이렇게 기도하고 있었다. "주님, 지금 이 사람한테 물어 볼까요? 지금이 적기인가요? 이 영역을 지도할 사람이 우리에게 얼마나 절실히 필요한지 당신이 잘 아십니다."

이제 내가 그 제안을 막 하려고 하는데, 너무도 명백하게 하나님은 "안 돼. 그 사람한테 물어 보지 마라"고 말씀하셨다. 왜 그런지는 도무지 알 수가 없었다. 하지만 하나님의 은혜로, 나는 그 초빙건을 언급하지 않기로 했다. 점심 식사가 다 끝나갈 때쯤, 그 사람이 말했다.

"그 외에 뭐 또 제게 하실 말씀은 없으신지요?" 내가 대답했다. "예? 어, 없습니다. 다시 뵙게 되어 정말 반가웠습니다." 그렇게 돌아온 나는 장로들에게 말했다. 그 사람한테 그 사역의 기회를 제안할 수가 없었노라고.

그리고 6개월 후, 우리는 그 지도자의 삶에 거짓된 부분이 있었다는 것을 알게 되었다. 그의 사역 전체가 완전히 무너져 버렸고, 심지어 오늘까지도 그는 사역 자격을 박탈당한 상태다. 그 일이 우리 교회에서 일어날 수도 있었고, 그렇게 되었다면 우리 가운데 하나님의 영광은 완전히 땅에 떨어졌을 것이다. 그 슬픈 소식을 듣고 나는 조용히 이렇게 기도드렸다. "예수님, 감사합니다. 우리 지체와 우리 장로들과 목회진을 너무도 사랑하셔서, '안 돼'라고 말씀해 주신 것을 감사합니다."

동기가 중요하다

물론 누구든지 의도적으로 잘못된 요청을 아뢰겠다고 작정하고 하나님께 나아가는 사람은 없을 것이다. 그렇다면, 우리의 요청이 하나님의 뜻과 어긋난다는 사실을 깨닫지도 못한 채 아뢰는 잘못된 요청에는 어떤 것들이 있는가?

잘못된 요청 중에 가장 흔한 것은 바로 "오 주님, 저 사람을 변화시켜 주옵소서"라는 기도다. 아내는 남편을 바라보며 이렇게 기도하고, 남편은 아내를 바라보며 이렇게 기도한다. 부모는 자식을 보면서, 직장인은 직장 상사를 보면서 이렇게 기도한다. 사실 두 명 이상의 그리스도인들이 서로 가까운 관계를 맺는 상황이 되면, 항상 어느 한 쪽은 이런 요청을 하기가 쉽다.

물론 다른 사람의 변화를 위해 기도하는 것이 전적으로 적절할 때도 있다. 누군가의 회심을 위해서나, 그 사람의 마음이 부드러워지게 해 달라고, 혹은 좋지 않은 습관이나 중독에서 벗어나게 해 달라고 기도하는 것이 결국은 다 그들의 변화를 위해 기도하는 게 아닌가. 하지만 그런 요청 뒤에 숨겨진 동기가 상대방을 향한 진정한 관심이 아닌 경우가 너무도 자주 있다.

이런 기도가 좀더 진실하다고 할 수 있을 것이다. "하나님, 전 제 자신의 결점을 인정하고 싶지 않습니다. 이 관계를 개선하기 위해 노력하고 싶지도 않구요. 저는 절대로 변화되고 싶지 않거든요. 그 대신, 제 개인적인 필요에 맞게 상대방이 변화되었으면 좋겠어요. 그래서 이렇게 간구드립니다. 하나님, 저 사람을 변화시켜 주세요." 하지만 그런 식으로 기도를 한다면, 하나님은 '안 돼'라고 말씀하실지도 모른다.

하나님의 영광인가, 나의 영광인가

마치 합당한 요청인 양 가면을 쓰고 등장하는 부적당한 기도, 자기 만족적인 기도는 수도 없이 많다. "이 새로운 거래선이 제 담당이 되게 해주세요"라는 기도는 회계부장이 할 수 있는 당연한 요청일 수도 있다. 직장 일을 도와달라고 하는 기도에는 잘못된 점이 없다. 우리는 모든 걱정거리를 하나님 앞에 가져가야 하는 게 아닌가. 하지만 그 동기가, 다른 판매인들 앞에서 으쓱거리고 싶어서라면, 혹은 부자가 되어 사치스럽게 살고 싶어서라면, 또는 그 거래선을 따라다니지 말라고 충고한 상관의 코를 납작하게 해주고 싶어서라면, 그것은 잘못된 요청이며 따라서 하나님은 안 된다고 말씀하시기 쉽다.

또는 목사라면 "오 주님, 우리 교회가 성장하게 도와주세요"라고 기도할 수도 있다. 물론 하나님은 그 요청을 기쁘게 받고 싶어하신다! 하지만 그 기도의 진정한 의미가 "저는 멋들어진 프로그램을 돌리며 수시로 매체를 타는 큰 교회의 스타 목사가 되고 싶어요"라면, 그런 요청은 잘못된 것이다.

마찬가지로 "제 앨범이 잘 팔리고, 순회 공연이 잘 되게 해주세요"라고 기도하는 기독교 음악가도 사실 자기의 영광만을 구하는 것일 수 있다. 그가 무대에서 하나님이라는 말을 얼마나 많이 언급하느냐는 상관이 없다. 우리는 자기의 이기적인 요청을 적절한 것으로 생각하며 스스로를 속일 수 있다. 하지만 하나님을 우롱할 수는 없다. 하나님은 우리 동기가 파괴적인 때를 먼저 아시고, 그렇기 때문에 종종 안 된다고 말씀하심으로써 우리를 보호하시는 것이다.

하나님께 당신의 요청을 아뢰기 전에, 다음과 같은 질문을 해 보는 게 좋다. "만일 하나님이 이 요청을 들어주신다면,"

- □ 그로 인해 하나님께 영광이 되겠는가?
- □ 그로 인해 하나님 나라의 도래가 앞당겨지겠는가?
- □ 그것이 사람들에게 도움이 되겠는가?
- □ 내가 영적으로 성장하는 데 도움이 되겠는가?

우리는 기도를 통해 우리의 요청들을 자세히 들여다보게 되므로, 기도는 우리를 순수하게 해줄 수 있다. 우리 동기가 잘못되었다는 결론이 나면, 이렇게 말하면 된다. "주님, 용서하세요. 제가 더 자라게 해주세요. 당신의 뜻에 맞는 요청을 할 수 있도록 저를 도와주세요."

만약 당신이 어떤 문제에 대해서 열심히 기도하고 있는데, 하늘에서 왠지 거부하고 있다는 느낌이 든다면, 당신의 요청을 다시 한 번 검토해 보라고 도전하는 바이다. 뭔가 문제가 있을 수 있다는 것이다. 어쩌면 당신의 요청은 본연의 문제를 직시하고 싶지 않은 마음에서 책임 회피를 하는 것일 수도 있다. 아니면 당신이 이해할 수 없는 어떤 면에서 해롭기 때문일 수도 있고, 혹은 자기 만족적이거나 근시안적일 수도 있다. 또는 너무 통 좁게 기도하기 때문일 수도 있다. 하나님은 더 좋은 것을 마음에 두고 계실지도 모른다. 어쨌든 요청이 잘못된 것이면, 그 이유야 무엇이든 간에 하나님은 "안 돼!"라고 말씀하신다.

때로는 우리 요청의 근거가 잘못되지 않았는데도, 무한한 신비의 차원에서 결국 결론은 "안 돼"로 보이는 경우가 있다. 경건한 사람들이 매일 몸서리쳐지는 무서운 병으로 고통을 당한다. 기도를 쉬지 않던 부모인데도 제멋대로인 자식이 그 품으로 돌아오는 걸 보지 못하고 죽는다. 신자나 불신자나 형언할 수 없는 슬픔으로 괴로움을 겪는 건 똑같다. 의인도 고통당하고, 무죄한 사람도 망한다. 예배드리던 사람들이 무고하게 죽기도 한다. 탑이 무너져 유대인 18명이 몰살당한 일도 있었다(눅 13:1-4). 베드로는 기적적으로 자유의 몸이 된 데 반해, 사도 야고보는 참수형을 당했다(행 12장). 사도 바울은 평생을 육체의 가시 때문에 고생했고, 급기야는 로마 사형 집행관의 칼날에 목숨을 잃었다. 많은 그리스도인들은, 하나님이 자신들의 기도를 듣고 공감하시는 건 사실이지만 때로 어떤 요청들은 응답되지 않는다는 것을 감지한다. 모든 것을 사랑하시고 모든 것을 할 수 있으신 하나님이 왜 때로는 신실한 신자들이 드리는 합당한 요청을 거절하시는 걸까?

여기서 우리가 기억해야 할 것이 있다. 그리스도의 사역과 부활을 통해서 하나님이 사단을 이긴 건 사실이지만, 아직 모든 것이 다 하나님께 굴복되지는 않았다는 점이다. 원수 사단은 아직 활동 중이다. 그의 날은 계수되고 있고 언젠가 끝이 올 것은 확실하지만, 그 동안만은 여전히 이 세상의 왕자인 것이다. 그리고 그 사단은 하나님의 길을 반대한다. 그래서 많은 고통들을 일으키고, 때로는 우위를 점하고 있는 것처럼 보이기도 하는 것이다.

하지만, 그 마지막은 하나님 손에 달려 있고, 그리스도가 재림하실 때 구원과 심판에 관한 우주적 주권은 하나님께로 돌아가게 되어 있다. 이런 궁극적인 승리가 있기 때문에, 이생에서 응답되지 않은 기도라도 영원 속에서는 찬란한 해명(spectacular vindication)이 있을 것을 그리스도인들은 확신할 수 있다. 그리고 하나님은 "그들의 눈에서 모든 눈물을 닦아 주실 것이니, 다시는 죽음이 없고, 슬픔도 울부짖음도 고통도 없을 것이다. 이전 것들이 다 사라져 버렸기 때문이다"(계 21:4).

아직은 아니다

만약 시간이 적기가 아니라면, 하나님은 '천천히'라고 말씀하신다. 우리들 대부분은 이 경우가 **'안 된다'**는 말을 듣는 경우보다 그리 나을 것이 없다고 느낀다.

우리는 뭐든지 늘 더 빨리 하려고만 하는 인스턴트 시대를 살고 있다. 고속도로에는 속성 차선이, 슈퍼마켓에는 속성 계산대(express lane)가 있다. 필름 회사들은 한 시간 만에 사진을 현상해 준다고 장담한다. 우리는 컴퓨터를 작동시키는 데 5초만 소요되어도 벌써 컴퓨터를 업그레이드해야겠다고 생각한다. 그러니 사람들이 나한테 이렇게 말하는 것도 이해가 되긴 한다. "제가 사흘째 기도하고 있는 기도 제목이 있는데, 하나님은 아직 아무것도 안 하고 계시거든요. 이걸 어떻게 생각해야 좋을지 모르겠네요."

아이들이 가장 싫어하는 말 첫 순위는 **안 돼**라는 말이지만, 이 말 버금가게 싫어하는 말이 **아직은 아니다**라는 말이라는 것을 부모들은 잘 알고 있다. 당신 가족이 자동차로 500km 정도 달려야 하는 여행을 한다고 하자. 집을 출발해서 20km 정도 달렸을 때, 톨게이트가 나와 속도를 줄이게 되었다. 그러면 뒷좌석에서 바로 이런 소리들이 들려온다. "아직 도착하지 않았나요?" "아직 아니다"라고 당신이 대답하면 곧 이어 한숨과 불평이 시작된다.

"내일 제 생일이잖아요. 날짜가 거의 다 되었는데, 오늘 밤에 선물을 열어 보면 안 되나요?"

"다른 애들은 중학교만 들어가면 모두 화장하는데, 저도 그러면 안 되나요?"

"이제 저도 열여섯 살이니까 운전 좀 가르쳐 주실래요?"

아이들은 "아직 안 된다"는 대답을 얼마나 싫어하는지! 그리고 우리도 다들 참을성 없는 아이 같은 구석이 있어서, 하나님이 우리의 모든 필요를 채워 주시고, 모든 요청을 들어주시며, 모든 산을 옮겨 주시기를 바라는 속성이 있다. 어제 안 해주셨으니 지금 당장이라도 그렇게 해주시기를 바라는 것이다. 모든 것을 아시고 완전한 지혜이시며 사랑 많으신 하늘 아버지가 생각하실 때 최선의 답변이 "아직은 아니다"일 때, 다 큰 우리 어른들은 어떻게 반응하는가? "하나님, 뭘 모르시는군요. 지금 당장 필요하다구요. 3년 후라니요, 3개월 후라니요, 3일 후라니요. 안 돼요. 제가 기도할 때 제 입 모양을 똑똑히 보세요. 전 **지금 당장** 필요하다구요!"

하나님 아버지를 신뢰하기

하지만 하나님은 즉각적인 충족을 바라는 유치한 요구들에 대해서, 현명한 부모들이 처신하는 것처럼 눈도 꿈쩍하지 않으신다. 그저 우리의 미성숙함에 대해 고개를 가로저으면서 이렇게 말씀하신다. "아무리 발로 차고 소리를 질러 보렴. 그래도 네가 원하는 것을 얻을 수는 없단다. 나를 신뢰하렴. 내가 하는 일은 내가 안다. 다 그럴 만한 이유가 있어서 그러는 거지."

기도가 어느 시점에 응답되어야 하는지를 당신이 하나님보다 더 잘 알고 있다고 고집 피우지 말라. 하나님이 지체하신다고 해서 꼭 거부하시는 건 아니다. **아직 아니다**라고 말씀하시는 데는 하나님 나름의 이유가 있다.

때로 하나님은 우리의 믿음을 시험해 보시려고 응답을 미루시기도 한다. 우리는 하나님을 마치 즉각적인 응답이 없으면 발로 쾅쾅 차 버리곤 하는 하늘의 자판기처럼 생각하는 건 아닌가? 아니면 하나님은 우리에게 필요한 것을 꼭 필요한 때에 주시는 사랑의 아버지라고 생각하는가? 우리는 즉각적인 결과가 보이지 않더라도 하나님을 신뢰할 수 있는가?

때로는 우리 요청을 수정하게 하시려고 응답을 지체하시기도 한다. 시간이 지나면서 우리는 처음에 요청했던 기도가 그리 온당하지 못했다는 것을 깨달을 수도 있다. 상황을 좀더 잘 이해하게 되면서, 우리 요청도 하나님의 뜻에 맞게 수정하고 싶어질 수도 있다.

때로는 우리 성품을 만들어 가시느라 응답을 지체하시기도 한다. 인내, 신뢰, 오래 참음, 굴복과 같은 자질들은 우리가 오래 참고 기다리며 하나님의 때를 신뢰할 때에만 얻을 수 있다. 많은 영적인 소득들은 고통, 상처, 갈등, 혼동 그리고 실망을 통해서 얻어진다. 만사가 우리 뜻대로 된다면, 성품을 견고히 해주는 이런 힘든 상황들을 우리가 얼마나 오래 참겠는가? 그것들을 없애 달라고 하나님께 간청하지 않겠는가?

혹은 하나님이 응답을 지체하시는 이유를 우리가 모를 수도 있는데, 그건 당연하다. 하나님이 이사야 선지자를 통해 말씀하신 대로, "나의 생각은 너희의 생각과 다르며, 너희의 길은 나의 길과 다르다.…하늘이 땅보다 높듯이, 나의 길은 너희의 길보다 높으며, 나의 생각은 너희의 생각보다 높다"(사 55:8-9). 우리는 피조물이고, 하나님은 창조주시다. 언제가 가장 적기인지는 하나님이 아신다.

나도 기도가 응답되기까지 몇 개월, 심지어 몇 년을 기다렸던 적이 얼마나 많았던가! 그럴 때는 하나님이 "안 돼"라고 말씀하시는 건 아닌가 하고 갸웃거린 적도 많았다. 하지만 조금 지나고 보면 하나님이 "아직은 아니다"라고 말씀하신다는 것을 알게 되었다. 내가 기도를 시작할 때 품었던 믿음의 분량보다 훨씬 더 큰 기적을 일궈 내시기 위해서 그러셨던 것이다. 결과가 나타나면, 하나님의 지혜가 분명히 드러나게 되고, 그래서 나는 그런 결과가 나타날 때까지 오래 참고 기다린 것을 기쁘게 생각하게 된다.

내가 가장 큰 문제다

우리의 기도가 응답되지 않는 세 번째 이유가 있다. 바로 우리의 삶 속에 뭔가 잘못된 것이 있는 경우, 즉 우리가 우리 자신과 하나님 사이를 가로막는 장벽을 세운 경우이다.

당신이 두세 주 동안 휴가를 다녀왔다고 가정해 보자. 돌아와 보니, 당신이 잔디 깎는 일을 맡기고 갔던 사람이 당신이 출발한 바로 다음 날 병원에 입원해서 지금까지 계속 골절 견인 치료를 받고 있다. 당신 집의 잔디밭은 거의 20센티미터 가량 자라 있고, 당신한테 있는 소형 기계로는 잔디를 제대로 깎을 수가 없다.

다행히도 당신 이웃은 사람이 타고 다니면서 뭐든지 전부 깎을 수 있는 기계를 가지고 있다. 그리고 그 사람은 당신한테 종종 "저기요. 잔디가 너무 엉망이 되거나 하면 우리 기계를 쓰셔도 되요"라고 말하곤 했다. 이제 당신은 그 제안을 한 번 써먹기로 했다.

부탁의 말을 어떻게 할지를 머리 속으로 예행 연습하면서 그 이웃집으로 가는 길에, 그 집의 작은 닥스훈트 개가 어기적거리며 다가와 당신의 바짓가랑이를 물고 늘어지기 시작한다. 당신은 원래도 닥스훈트를 싫어하지만, 특히 이 개는 더욱 싫어한다. 놈은 길게 울부짖어대고, 당신네 잔디밭을 망가뜨리며, 덥석덥석 물어댄다. 그런데 바로 지금 그 짓을 또 하고 있는 게 아닌가. 도대체 한 발짝조차 앞으로 내디딜 수가 없다. 그러다가는 놈한테 물리든지 다리가 꼬여 넘어지든지 할 것만 같다.

울컥 화가 난 당신은 그 작은 놈을 은근히 한 번 슬쩍 걷어찬다. 그리고 고개를 들어 보니 그 이웃이 현관 앞에 서 있는 게 아닌가. 팔짱을 끼고 당신을 똑바로 쳐다보면서. 그 순간, 그 사람한테 잔디 깎는 기계를 빌려 달라고 말하는 것이 좋겠는가? 아니면 부탁을 하기 전에 먼저 해결해야 할 일이 있지는 않은가?

하나님은 우리의 모든 필요를 그분 앞에 가지고 나오라고 계속해서 우리를 초청하신다. 하나님의 모든 자원을 공짜로 써도 좋다는 제안과 함께. 하지만 우리는 하나님의 그 제안을 활용하기 전에 먼저 풀고 넘어가야 할 것이 있는 경우가 있다.

다음 장에서 우리는 여섯 가지의 '기도 훼방꾼'을 살펴볼 것이다. 기도 훼방꾼이란 우리가 하나님께로 나아가는 길을 가로막는 행동이나 태도를 말한다.

묵상과 토론을 위한 질문들

1. 응답받지 못한 기도 때문에 겪는 어려움이 있다면 적어 보라.

2. 당신이 하나님께 구했던 잘못된 기도 요청들이 있다면 몇 가지만 적어 보라. 우리가 잘못된 기도인지 깨닫지도 못한 채 하나님께 구하는 기도에는 어떤 것들이 있을 수 있는지 적어 보라.

3. 하나님이 우리가 요청하는 기도에 응답하기를 미루시는 이유는 무엇이라고 생각하는가?

4. 과거에 당신은 응답받지 못한 기도들을 어떻게 이해하고 해결하였는가?

5. 당신의 기도가 "안 된다(거절)…천천히(기다려라)…더 자라라(해주겠다)"는 범주에 들지 않는데도 응답받지 못했다면, 이 외에 어떤 이유들이 있을 수 있겠는가?

기도 훼방꾼 9

당신에게 개인 기도 생활을 꾸준히 실천하도록 자극하는 동기가 무엇이냐고 물으면, 당신은 뭐라고 대답하겠는가? 당신을 무릎 꿇게 만들고, 좀더 기도하고 싶어지게 만드는 것은 무엇인가? 당신이 더욱 열렬히 기도하게 되는 이유는 무엇인가?

내 경우, 기도하고 싶은 마음을 자극하는 가장 큰 동기는 바로 **응답된 기도**다.

내가 설교에 대해서 기도할 때 하나님은 말씀에 대한 통찰력이나, 설교 내용을 잘 배열할 수 있는 방법, 또는 적절한 예화를 알려 주심으로써 그 기도에 응답해 주신다. 혹은 내가 설교를 할 때 하나님의 능력이 함께하신다는 느낌을 주시기도 한다. 그러면 나는 다음 설교를 준비할 때도 기도해야겠다는 동기가 생긴다.

주님을 알지 못하는 어떤 사람을 위해서 기도하고 있는데, 어느 날 그 사람이 내게 전화를 해서 "저 이제 교인이 되었어요. 제 인생을 그리스도께 드렸답니다"라고 말한다면, 나는 기도 목록에 적혀 있는 다른 불신자들을 위해서도 계속 기도해야겠다는 동기가 생긴다.

내가 결정하기 어려운 사안을 놓고 기도하던 중, 드디어 하나님의 인도하심을 감지하고 그 길을 따른다. 나중에 보니 그것이 나로서는 최선의 선택이었다는 것을 알게 되면, 다음부터는 내게 다가오는 모든 결정거리들에 대해서 기도해야겠다는 동기가 생긴다.

인간적인 수단으로는 도저히 채울 수 없는 내 필요에 대해 기도했는데 하나님이 기적적인 능력으로 그 필요를 채워 주신다면, 나는 바짝 무릎을 꿇고 내 모든 필요들－개인적인 필요든 사역상의 필요든 세계적 차원의 필요든－을 위해 기도해야겠다는 동기가 생긴다.

내가? 내가 문제라고?

응답된 기도야말로 나에게는 정말 동기가 된다. 응답된 기도는 내가 마치 모세인 것 같은 느낌을 준다. 산 위에 올라 두 팔을 들어올리고, 기도를 통해 전세를 좌지우지하는 모세 말이다. 내 기도가 그렇게 눈에 보이는 결과를 가져오면, 기도가 재미있어진다.

하지만 이와 반대로, 내가 굳게 믿는 마음으로 열심히 기도하는데도 아무런 변화가 없으면, 내 기도 생활은 곤두박질하게 된다. 기도가 줄줄이 응답받지 못하는 것만큼 맥빠지는 일도 없다. 하늘로 전화를 하긴 하는데, 하늘 집에는 아무도 없는 것 같다. 당신의 목전에서 아군이 대패하고 있는데도 당신은 두 팔을 떨군 채 "기도가 다 무슨 소용이람?"이라고 중얼거리고 있다.

기도가 응답되지 않는 데는 세 가지 장애물이 있을 수 있으므로 이것을 점검해 보는 것이 중요하다. 앞 장에서는 기도가 응답받지 못하는 중요한 이유 두 가지를 살펴보았다. 그 요청하는 바가 부적절하거나 아직 시기가 안 되었다는 것이었다. 하지만 당신에게 응답받지 못한 기도 제목이 아주 많다면, 특별히 세 번째 항목에 관심을 기울여 보는 게 좋을 것이다. 그것은 바로 기도하는 사람의 삶에 뭔가 문제가 있을 수 있다는 점이다.

당신이 아뢰는 기도 중 몇 가지 정도야 얼마든지 부적절할 수 있지만, **모든** 요청이 부적절하기는 쉽지 않다. 또 때로는 당신이 하나님을 성급하게 밀어붙이는 경우도 있긴 하겠지만, **항상** 때가 안 됐다는 것도 석연치 않은 일이다. 그보다는 기도 내용도 적절하고 시기도 적당하지만, 당신의 삶 속에 뭔가 잘못된 점이 기도를 막고 있을 가능성이 더 많다.

게다가 대부분의 사람들은 기도가 응답되지 않으면 하나님한테 뭔가 문제가 있다고 생각하는 경향이 있다. 인간적으로는 당연한 반응이다. 거울을 들여다보면서 "어쩌면 내가 문제가 있는 건지도 몰라"라고 말하기보다는 하나님을 탓하는 게 훨씬 쉽다. 사실 응답되지 않은 기도 때문에 고민하는 사람 수천 명과 상담을 해 보니, "이 기도가 기적적으로 응답되는 데 혹시 제가 장애물이 되고 있는 건 아닌가요?"라고 묻는 사람은 다섯 손가락 안에 들었다.

한번은 내가 교회 지도자들 모임에서, 기도가 응답받지 못하는 성경적인 이유를 물어 본 적이 있었다. 그들이 지적한 이유들 대부분은 이 세 번째 항목에 해당되는 것들이었다. 기도하는 사람 본인의 삶에 문제가 있다는 것이었다. 나는 이런 이유들을 **기도 훼방꾼**(prayer busters)이라 부르고, 그 중에서 중요한 것들 몇 가지만 살펴보고자 한다.

기도만 빼고 다 한다

기도가 응답되지 못하는 가장 보편적인 이유는 바로 **기도하지 않기**(prayerlessness) 때문이다. 야고보서 4:2에서 말하고 있듯이, "여러분이 얻지 못하는 것은 구하지 않기 때문이요."

다음과 같은 일이 얼마나 자주 발생하고 있는지 솔직하게 자신을 들여다보라. 당신은 어떤 일에 대해서 기도하기로 결정하고, 그 사항을 기도 목록에 적는다. 혹은 그것에 대해 기도할 거라고 친구에게 말을 하기도 한다. 그리고 거의 기도할 때가 되었다. 하지만 당신은 그 사항에 대해서 시시때때로 생각은 하면서도 막상 기도는 거의 하지 않는다. 왜 하나님이 당신의 기도에 응답하시지 않으실까? 왜냐하면 당신이 아직 의도적으로, 열심히, 혹은 기대하는 마음으로 기도하지 않기 때문이다.

사람들은 자신의 절실한 필요를 채우기 위해 어떤 노력들을 기울이는지를 내게 종종 말해 준다. 그들은 상담가를 찾아간다, 관련된 책을 읽는다, 성경의 약속을 주장한다, 자기 훈련을 한다, 그리스도인 친구에게 털어놓는다, 단호함이나 굴복 내지는 자기 부인이나 적극적 사고 방식 등을 실천해 본다, 심지어는 기도에 관한 책을 읽는다 하며 열심을 낸다. 허나 그들의 필요는 여전히 채워지지 않는다.

이런 사람들에게 나는 이렇게 말한다. "제 눈을 똑바로 쳐다보면서 대답해 보세요. 이 사안에 대해서 열렬하게, 규칙적으로, 그것도 상당 기간 동안 기도해 보았습니까?"

그러면 그들은 보통 입맛을 쩝 다시며 고개를 숙이고는 이렇게 더듬거린다. "으음, 저어, 그런데…저어, 안 해 본 것 같은데요."

그런 사람들이 나는 너무나 이해가 간다. 나도 때로는 "다 해 보고 안 되면 기도하자"라는 말을 기치로 삼는 사람 중의 하나임을 인정하지 않을 수 없으니까. 걱정할 수 있는데 왜 기도하는가? 내게 필요한 것을 얻기 위해 아무의 도움 없이 죽어라 하고 혼자 노력할 수 있는데 왜 기도하는가? 기도 없이도 살아갈 수 있는데 왜 기도하는가?

규칙적으로, 열심히, 끈기 있게 드리는 기도

아래 사항들을 놓고 당신이 상당 기간 동안 부지런히 기도했던 적은 언제인가?

- □ 당신의 배우자, 부모, 자녀들을 위해서
- □ 당신이 아는 사람이 그리스도께 돌아오기를
- □ 전쟁으로 찢겨진 지역에 평화가 임하기를
- □ 하나님의 능력으로 당신의 교회에 혁신적인 부흥이 일어나기를
- □ 하나님이 그분의 영광을 위해 당신을 사용하시기를

1978년에 나는 세계에서 가장 큰 교회를 방문하러 한국에 간 적이

있다. 당시 그 교회는 매주 금요일 저녁 8시부터 토요일 아침 7시까지 십만 명이 강당에 모여서 기도를 하고 있었다. 하나님이 그 교회의 사역을 폭풍우처럼 일으켜 주시기를 간구하는 기도 모임이었다. 매주 토요일에는 수천 명이 산에 올라가는데, 그들은 그것을 기도원(Prayer Mountain)이라고 불렀고, 거기 있는 동굴 속에 들어앉아 하나님이 초자연적인 방법으로 역사해 주시기를 기도했다.

1978년에 그 교회는 교인이 10만 명이었다. 그 정도만 해도 충분히 많다고 생각하는 사람들도 있을 것이다. 하지만 이 교회 교인들은 비전을 품고 있었다. 10년을 기도로 채운 후, 그 교회의 교인수는 45만 명에 이르렀다. 그리고 오늘날은 70만 명이 넘는다. 우리가 일할 때는 우리만 일한다. 하지만 우리가 기도할 때는 하나님이 일하신다!

이런 말을 들은 적이 있다. 만약 당신이 하나님께 종지를 들고 나오면, 하나님은 종지만큼 채우실 것이다. 만약 당신이 하나님께 양동이를 들고 나오면, 하나님은 양동이만큼 채우실 것이다. 그러나 만약 당신이 하나님께 5톤짜리 컨테이너를 들고 나오면, 하나님은 그것만큼 채우실 거라는 말이다. 당신은 하나님이 당신의 필요를 채워 주시리라고 기대하는가? 그렇게 해 달라고 규칙적으로, 열심히, 끈기 있게 요청하고 있는가?

죄로 오염된 기도

기도 응답이 없는 두 번째 이유는 가장 분명한 경우로서, **고백하지 않은 죄**가 하나님 아버지와의 대화를 단절시키는 경우다. 이사야

59:2에서 말하듯이, "오직, 너희 죄악이 너희와 너희의 하나님 사이를 갈라놓았고, 너희의 죄 때문에 주님께서 너희에게서 얼굴을 돌리셔서, 너희의 말을 듣지 않으실 뿐이다."

전에 나는 오토바이 경주를 했었다. 오토바이는 대체로 함부로 다루어도 작동되는 거친 기계지만, 연료만큼은 아주 순도가 높아야만 한다. 그래서 연료를 채울 때, 나는 여과지나 손수건을 대고 연료를 거르면서 채웠다. 불순물이 없어야 연료가 최대치의 힘을 발휘하며 달리기 때문이었다. 작은 먼지 하나만 들어가도 힘을 잃어버릴 수가 있었다. 마찬가지로, 아주 작은 죄라도 당신 마음속에 들어가게 되면, 그것이 당신의 기도를 오염시킨다. 그리스도인으로서의 당신의 삶은 그 잠재력을 충분히 발휘하지 못할 것이다.

하나님은 우리들이 철저하게 인격적 정결함을 유지할 것을 기대하신다. 하나님은 우리가 다른 사람들에게 사려 깊은 태도와 사랑을 보여 주면서 하나님과의 관계를 유지할 것을 기대하신다. "주님께서 너에게 요구하시는 것이 무엇인지도 이미 말씀하셨다. 오로지 공의를 실천하며 인자를 사랑하며 겸손히 네 하나님과 함께 행하는 것이 아니냐!"(미 6:8) 이렇게 행동하기는 싫어하면서 기도만 응답되기를 바란다면, 그건 너무 염치없는 태도다. (고백하지 않은 죄에 대해서는 다음 장에서 더 자세히 살펴볼 것이다.)

지금 당신이 삶 속에서 죄를 용인하고 있다면, 죄를 고백하는 기도가 아닌 한, 기도하느라고 헛수고하지 말라. 먼저 주님의 용서하심부터 받으라. 그러고 나면 당신이 주님께 마음을 쏟아놓을 때 당신의 기도를 들으실 것이다.

깨어진 관계

세 번째 기도 훼방꾼은 **해결되지 않은 갈등 관계**다. 마태복음 5:23-24은 말한다. "그러므로 네가 제단에 제물을 드리려고 하다가, 네 형제나 자매가 네게 어떤 원한을 품고 있다는 생각이 나거든, 너는 그 제물을 제단 앞에 놓아두고, 먼저 가서 네 형제나 자매와 화해하여라. 그런 다음에 돌아와서 제물을 드려라."

이 원칙은 베드로전서 3:7에 오면 좀더 확대된다. "남편이 된 이 여러분…아내가 여성으로서 자기보다 연약한 그릇임을 이해하고 함께 살아야 합니다. 그리고 생명의 은혜를 함께 상속받을 사람으로 알고 존중하십시오. 그리해야 여러분의 기도가 막히지 않을 것입니다."

하나님은 사랑의 공동체인 가정을 세우고 유지하는 일에 얼마나 마음을 쏟으시는지 모른다. 그런데 우리 대부분은 이 점을 상당히 평가절하하는 경향이 있다. 하나님은 우리를 자신의 가족으로 입양해 주시고, 우리가 하나님과의 관계를 다른 사람들과의 관계로까지 이어 가기를 바라신다. 우리가 형제자매들에게 선을 베푸는 것은 예수님 자신에게 선을 베푸는 것과 마찬가지다(마 25:31-46). 하나님이 우리를 용서하셨으므로, 우리도 다른 사람을 용서해야만 한다(엡 4:32; 골 3:13).

우리가 가족, 직장 동료, 이웃 사람, 혹은 친구와 계속 갈등 상태에 있는 한, 기도하려고 애써 봤자 소용없다. "빛 가운데 있다고 말하면서 자기 형제자매를 미워하는 사람은 아직도 어둠 속에 있습니다"(요일 2:9). 당신이 빛으로 나와서 당신과 상대방을 갈라놓은 죄를 고백하고 관계를 다시 세우려고 애쓸 때, 하나님은 당신의 기도를 들으실 것이다.

물론 관계가 항상 다시 세워지는 것은 아니다. 로마서 12:18은 말한다. "여러분 쪽에서 할 수 있는 대로 모든 사람과 더불어 화평하게 지내십시오." 때로는 상대방 쪽에서 당신의 사과를 받아들이지 않고 갈등 관계를 지속하는 경우가 있다. 만약 그런 경우가 생긴다면, 당신의 마음을 깊이 들여다보라. 당신은 진실한 마음으로 관계를 회복하려고 애썼는가? 혹시 감추고 있는 건 없는가? 당신은 정말로 관계 회복을 원하는가, 아니면 상대방 탓이나 하면서 계속 깨어진 관계로 가겠는가? 당신이 정말 성심성의를 다 했고 솔직했다면, 하나님은 그 깨어진 관계가 당신의 기도에 장애물이 되게 하지는 않으실 것이다. 하지만 화해를 위한 당신의 노력이 무성의하고 자기 만족적이었다면, 이번에는 진심으로 다시 노력해 보라.

산타 할아버지한테 부탁하듯이

네 번째 기도 훼방꾼은 바로 **이기심**이다. "구하여도 얻지 못하는 것은 자기가 쾌락을 누리는 데에 쓰려고 잘못 구하기 때문입니다"(약 4:3). 우리가 앞 장에서 살펴본 부적절한 요청의 상당수는 이기적이라는 점에서 잘못된 것이다. 마음 중심에서 나오는 이기심이야말로 그리스도인과 하나님 사이를 가로막는 가장 보편적인 장애물이다.

만일 당신이 기도한 요청 사항들을 게시판이나 현수막에 적어서 남들 앞에 공개한다면, 당신은 어떤 기분이 들겠는가? "사랑의 주님,

제가 유명해지게 해주세요. 제가 부자 되게 해주세요. 좋은 시간을 보낼 수 있게 해주세요. 저의 모든 꿈이 이루어지게 해주세요."

나는 기도에 관해 연구하기 시작하면서, 바로 이 지점에서 아연실색하지 않을 수 없었다. 평상시 내가 드리는 기도를 점검하면서, 추한 탐욕에서 비롯된 기도 제목들을 상당수 마주하게 된 것이었다. 나의 원함이냐 나의 필요냐, 권리냐 취향이냐, 정의냐 은혜냐, 편리함이냐 그리스도를 닮아갈 것이냐 사이에서 엄청나게 혼동하고 있었다.

나는 사실상 이렇게 말하고 있었다는 것을 발견하였다. "시험이나 고통이나 슬픈 일, 그러니까 제가 진정으로 성숙하고 하나님의 사람이 되게 해줄 수 있는 것들은 다 저를 피해 가게 해주시옵소서. 그저 편리하고 즐겁고 만족스럽고 문제 없는 인생을 살게 해주시옵소서."

우리가 주기도문이라고 부르는 본보기용 기도문으로 예수님이 기도하실 때, 예수님의 첫 번째 요청 사항은 하나님의 이름이 거룩히 여김을 받고, 하나님 나라가 임하며, 하나님의 뜻이 이루어지게 해 달라는 것이었다. 이것은 내가 하던 기도처럼 그렇게 자기 중심적이고 근시안적인 것 같지 않다.

나는 왜 내 기도가 어쩌다 한 번씩만 응답되는지 의아해했었다. 하지만 내 기도 내용을 제대로 들여다보니 이해가 갔다. 하나님이 그렇게 속절없이 이기적인 요청들을 들어주셨다면, 나는 아마 영적으로 순식간에 자멸하고 말았을 것이다.

가난한 자들의 부르짖음에 귀기울이라

다섯 번째 기도 훼방꾼은 **남을 돌아보지 않는 태도**다. 잠언 21:13은 이렇게 말한다. "가난한 사람의 부르짖음에 귀를 막으면, 자기가 부르짖을 때에 아무도 대답하지 않는다."

구약의 아름다운 한 구절이 바로 이 기도 훼방꾼에 관한 것이다. 이스라엘 백성들은 왜 하나님이 자기들의 기도에 응답하시지 않는지 의아해하고 있었다. 그들은 심지어 금식을 하면서 스스로를 낮추었지만, 그래도 하나님은 여전히 그들의 기도를 듣지 않으셨다. 다음의 구절은 하나님이 선지자를 통해서 그들에게 하신 말씀이다.

> 너희들이 금식하는 날, 너희 자신의 향락만을 찾고, 일꾼들에게는 무리하게 일을 시킨다.…너희의 목소리를 저 높은 곳에 들리게 할 생각이 있다면, 오늘과 같은 이런 금식을 해서는 안 된다.…내가 기뻐하는 금식은, 부당한 결박을 풀어 주는 것, 멍에의 줄을 끌러 주는 것, 압제 받는 사람을 놓아 주는 것, 모든 멍에를 꺾어 버리는 것, 바로 이런 것들이 아니냐? 또한 굶주린 사람에게 너의 먹거리를 나누어 주는 것, 떠도는 불쌍한 사람을 집에 맞아들이는 것이 아니겠느냐? 헐벗은 사람을 보았을 때에 그에게 옷을 입혀 주는 것, 너의 골육을 피하여 숨지 않는 것이 아니겠느냐?…그 때에 네가 주님을 부르면 주님께서 응답하실 것이다. 네가 부르짖을 때에, 주님께서 "내가 여기에 있다" 하고 대답하실 것이다(사 58:3-9).

하나님은 이 세상에서 하나님의 성품을 드러낼 백성을 키우는 일에 헌신되어 있으며, 그분의 성품은 항상 고통받는 자들을 향한 관심과 연민으로 표현된다.

한번은 이런 만화를 본 적이 있다. 수백 수천의 사람들이 끝도 없이 길게 줄을 서 있는 그림이었는데, 각 사람이 똑같은 생각을 하고 있는 것이었다. '내가 무슨 일을 할 수 있겠어? 난 그저 평범한 한 사람일 뿐인데.'

물론 당신 혼자서는 이 세상을 바꿀 능력이 없을 것이다. 하지만 남을 돌아볼 수 있는 작은 일들은 찾을 수 있다. 어쩌면 당신의 교회는 무료 급식소나 교도소 사역을 하고 있을런지도 모르겠다. 혹은 실직, 문맹, 아동 학대, 알코올 중독, 자살과 같은 오늘날의 악습에 대해 당신의 재능이 작은 변화를 일으킬 수도 있을 것이다. 당신이 고통받는 자들에게 귀를 열고 있다면, 하나님도 당신에게 계속 귀를 열고 계실 것이다.

무엇이든 하실 수 있는 하나님

마지막 기도 훼방꾼은 바로 부적절한 믿음이다. "여러분 가운데 누구든지 지혜가 부족하거든, 모든 사람에게 아낌없이 주시고 나무라지 않으시는 하나님께 구하십시오. 그리하면 받을 것입니다. 조금도 의심하지 말고, 믿고 구해야 합니다. 의심하는 사람은 마치 바람에 밀려서 출렁이는 바다 물결과 같습니다. 그런 사람은 주님께로부터 아무것도 받을 생각을 하지 마십시오"(약 1:5-7).

하나님은 하실 수 있는가? 그분은 전능하신가? 이 교리가 당신 것으로 받아들여지지 않는다면, 차라리 기도를 집어치우는 게 낫다. 당신의 기도들이 의심의 구름에 잔뜩 가리워져 있다면, 그것들은 아무데로도 올라가지 못할 것이다.

무릎을 꿇기 전에, 먼저 성경으로 돌아가서 하나님이 그 백성에게 해주신 일들을 찾아보라. 그런 다음 당신의 삶 속에서 역사하신 기록들도 돌이켜 보라. 그분의 능력, 그분의 신실하심, 그분의 섭리의 증거들을 찾아보라. 당신의 마음을 제대로 조율하라. 그러면 당신이 마침내 기도할 때, 그 기도는 무엇이든 하실 수 있는 하나님께로 향할 것이다.

당신이 하나님의 능력을 확신하면 할수록, 하나님도 자신의 능력을 점점 더 많이 당신에게 드러내 보이실 것이다. 예수님은 자신을 따르는 자들에게, 그저 자기의 소원을 하늘로 던져올리라고 말씀하시지 않았다. 오히려 이렇게 말씀하셨다. "내가 진정으로 너희에게 말한다. 누구든지 이 산더러 '번쩍 들려서 바다에 빠져라' 하고 말하고, 마음에 의심하지 않고 말한 대로 될 것을 믿으면, 그대로 이루어질 것이다"(막 11:23). 기도할 때는 하나님의 능력이 강력하게 드러나는 것을 보리라는 작정을 하고 기도하라.

하나님이 "좋아!"라고 말씀하실 때

진실을 밝혀 보면, 우리가 절실히 필요로 하는 기적이 일어나지 못하게 막는 장애물이 오로지 우리 자신인 경우가 있다. 우리 요청도 올바르고, 시기도 문제가 아닌 것 같다. 그런데 우리 삶이 잘못되어 있다면, 하나님은 이렇게 말씀하신다. "네 요청을 들어주기 전에 나는 먼저 네가 성장하기를 바란다. 그 죄를 벗어 버려라. 네 태도를 바꾸어라. 그 버릇을 그만두어라. 그런 습관을 끝내라. 그 재미난 회전목마에서 내려라. 이 관계를 회복해라. 너의 영을 부드럽게 해라. 회개하라. 용서를 받으라. 성장해라. 그러면 내가 '하늘문을 열고서, 너희가 쌓을 곳이 없도록 복을 붓지 않나 보아라'"(말 3:10).

하나님이 우리 삶 속에 있는 불가능한 상황을 얼마나 변화시키고 싶어하시는지, 아무도 건드리지 못하는 사람을 얼마나 만져 주고 싶어하시는지, 꿈쩍 않는 산을 얼마나 옮겨 주고 싶어하시는지, 아마 아무도 이해하지 못할 것이다. 우리는 하나님께 소중한 존재들이며, 따라서 하나님은 우리의 필요를 채워 주고 우리의 요청을 들어주기 원하신다. 그렇게 하시도록 우리가 내어 드리기만 하면 말이다. 우리의 요청이 올바르고 시기도 적절하며 기도하는 당사자도 올바르다면, 하나님은 "좋아!"라고 말씀하신다.

사람들이 기도 생활을 정립해 나가는 데 가장 큰 동기가 되는 것은 바로 응답된 기도들이다. 그리고 기도 훼방꾼들만 제대로 처리하고 없애면, 하나님이 우리 기도에 하나하나 응답해 주시는 길은 훤하게 뚫린다.

묵상과 토론을 위한 질문들

1. 당신이 기도 생활을 꾸준히 하도록 자극하는 가장 중요한 동기는 무엇인가?

2. 당신이 기도 생활을 꾸준히 하지 못하도록 방해하는 요소는 무엇인가?

3. 당신이 하나님께 요청했던 기도들 중에 그 동기가 이기적이었던 것들이 있다면 몇 가지 적어 보라.

4. 당신의 경우 기도를 대신할 만큼 가치 있는 활동이 있다면 무엇인가? 왜 그렇다고 생각하는가?

5. 욥의 경우를 생각해 보라. 욥의 불운이 그의 잘못이었는가? 하나님의 최우선 관심사는 항상 우리 기도에 응답하시는 것인가, 아니면 다른 무엇인가?

기도가 10 냉랭해질 때

몇 달 전에 나는 상당히 당혹스러워하는 몇몇 그리스도인들과 이야기를 나눈 적이 있다. 그들은 내게 말하기를, 이전에는 기도 생활을 잘 했었는데, 지금은 모든 게 변해 버렸다는 것이었다. 그 전처럼 기도하지 않게 되었고, 그 점에 대해 수치심을 느끼고 있었다. 어떤 사람은 이렇게 설명했다.

"제가 갓 믿은 신자였을 때는, 우주의 하나님과 대화를 한다는 것, 하나님이 내 말을 들으신다는 것, 즉 나를 보살펴 주시고 내 관심사에 함께 관심을 가져 주신다는 사실이 너무도 저를 압도해서 감당할 수가 없을 정도였답니다."

"하지만 제가 정말 기도할 수 있다는 것을 깨닫게 된 후로는, 하루 종일 기도하기 시작했지요. 잠자리에서 일어나도 기도하고, 아침 식사 자리에서도 기도하고, 출근하는 차 안에서도 기도했지요. 책상에서도, 친구와 전화 통화를 하면서도, 점심 식사 때도, 친구와 저녁 식사를 하면서도, 아이들을 재울 때도 기도했답니다. 우리 소그룹 사람들과도 기도했고, 교회에서 기도하는 것도 너무 좋아했지요."

"전 그저 내내 기도했고, 그런 기도를 통해 많은 기쁨을 누렸답니다. 하나님은 제 기도에 응답해 주셨지요. 제 인생은 변화되었고, 다른 사람들의 인생도 변화되었답니다. 정말 놀라웠지요."

"그런데 어떻게 된 겁니까?"라고 내가 물었다.

그 사람이 대답했다. "저도 모르겠어요. 솔직히 저도 모르겠어요. 모든 게 다 식어 버렸어요." 그러더니 그는 아주 슬프게 말했다. "이제는 그렇게 많이 기도하지 않게 되어 버렸어요."

기도 없는 계절

나는 이 사람들이 왜 그렇게 되었는지 알았다. "예수님을 따르는 거의 모든 사람들이 형제님이 방금 말한 것과 같은 그런 경험을 한답니다. 저도 그랬지요"라고 내가 말했다.

지난 세월 동안 나의 영적인 삶을 돌아보면, 어떤 시기는 아주 열심히 자주 기도했던 시절이 있었음을 알게 된다. 그 때는 기쁨으로 충만해서 하나님의 축복을 기대했었다. 내 인생에 그리고 내가 기도해 준 사람들의 인생과 교회에 초자연적인 일들도 일어났었다.

그러다가 무슨 이유에선지 그만 기도 생활에 슬슬 나사가 풀리기 시작하더니 결국 기도를 거의 그만두게 되었다. 물론 식사 시간에나 교회 모임에서는 기도한다. 하지만 그 이상의 기도는 거의 없는 것이다. 기도를 한다 해도 왠지 메마르고 지루하고 핵심이 없는 것 같다.

이렇게 기도 없는 계절이 몇 주, 심지어 몇 달씩 가기도 한다.

그러다가 하나님의 능력이 이전처럼 갑자기 다시금 내 삶 속에 쏟아져 들어온다. 나는 또다시 기쁘게 하나님의 임재 안으로 들어가고, 또다시 자주 기도하면서 그 결과도 경험한다. 그러다가 또다시 기도가 식어 버린다. 항상 그랬듯이.

기도 생활에 이렇게 굴곡이 생기는 이유는 무엇일까? 왜 우리는 기도에 대해 흥미를 잃어버리는 걸까? 왜 기도를 멈추는 걸까?

우리의 기도가 멈추거나 식어 버리는 한 가지 이유는, 우리가 너무 편안하기 때문이다. 이건 인간의 본성이다.

폭풍우가 휘몰아치고 바람이 사납게 불어대며 파도가 갑판 위를 때릴 때는, 배에 탄 사람들 모두가 미친 듯이 기도한다. 끔찍한 전화가 한밤중에 계속 울려올 때, 상태가 별로 좋지 않다는 의사의 말을 들었을 때, 혹은 당신의 배우자가 다른 이성에게 너무나 마음이 끌린다고 말할 때, 그럴 때는 기도가 거의 제2의 천성이 된다. 그렇게 어려운 상황에서는 거의 모든 사람이 다 기도하게 마련이다. 그것도 열렬하게, 계속 반복해서, 소망을 품고, 필사적으로.

그러다가 폭풍우가 지나고 바다가 잠잠해지고 바람이 잦아들면서, 하나님의 신실하심이 또 한 번 입증된다. 우리가 기도하도록 동기를 부여하던 큰 부분이 사그라지면서, 기도도 상당히 식기 시작한다.

하나님을 잊어버리다

이 현상은 당연히 하나님의 심정에도 영향을 미친다. 하나님은 자녀들에게 이용당했다는 느낌을 떨쳐버릴 수가 없게 된다. 특히나 우리가 대학에 들어간 자식처럼 행동할 때는 말이다. 돈이 다 떨어질 때나 되어야 집에 전화를 거는 대학생 자식—그것도 수신자 부담으로.

구약을 관통해서 흐르는 슬픈 주제가 하나 있다. 하나님은 자기 자녀들을 축복하시는데, 그 자녀들은 하나님을 잊어버린다는 것이다. 그래도 하나님은 다시 또 그들을 축복하시고, 그들은 다시 또 하나님을 잊어버린다. 그러다가 큰 문제가 닥치면 도움을 애걸하고, 마침내 하나님이 등장해서 막판 구조 작업을 펼치신다. 하지만 그들은 또다시 하나님을 잊어버린다.

예를 들어서 시편 78편에 나오는 슬픈 기도문을 읽어 보라. 하나님은 이스라엘에게 율법을 주셨고, 바다를 갈라서 그들로 건너게 하셨으며, 광야 길을 인도하셨고, 기적의 만나와 물을 주셨으며, 적군을 물리쳐 주셨다. 그러나 "그들은 하나님을 거듭거듭 시험하고,…하나님의 권능을 기억하지 아니하며"(41-42절)라고 시편은 말하고 있다.

또는 시편 106편을 읽어 보라.

우리의 조상이 이집트에 있을 때에,
주님께서 일으키신 기적들을 깨닫지 못하고,
주님의 그 많은 사랑을 기억하지도 못한 채로,
바다 곧 홍해에서 주님을 거역하였습니다.
그러나 주님께서는 주님의 명성을 위하여,
주님의 권능을 알리시려고 그들을 구원해 주셨습니다.
주님께서 홍해를 꾸짖어 바다를 말리시고

그들로 깊은 바다를 광야처럼 지나가게 하셨습니다.

미워하는 자들의 손에서 그들을 건져내시고,

원수의 손에서 그들을 속량해 주셨습니다.

물이 대적을 덮으므로,

그 가운데서 한 사람도 살아남지 못하였습니다.

그제서야 그들은 주님의 말씀을 믿었고,

주님께 찬송을 불렀습니다.

그러나 그들은,

어느새 주님이 하신 일들을 잊어버리고,

주님의 가르침을 기다리지 않았습니다(7-13절).

시편 기자는 슬퍼하며 "우리도 우리 조상처럼 죄를 지었으며"(6절) 라고 말한다. 우리는 하나님을 잊어버리고 싶지 않다. 우리는 우리의 기도 생활이 꾸준히 지속되기를 바란다. 그렇다면 어떻게 하나님의 선하심을 늘 마음에 새길 수 있겠는가? 어떻게 기도를 늘 기억할 수 있겠는가?

기도를 일상의 리듬으로

우리가 기도를 기억할 수 있는 방법은 우리에게 중요한 여타의 일들을 기억하는 방법과 마찬가지다. 즉, 기도를 하루 일정 속에 꼭 집어넣는 것이다. 제5장에서 지적한 대로, 예수님은 자신을 따르는 자들이라면 당연히 기도 시간을 가지리라고 전제하셨다. 우리가 기도를 점점 덜 하게 되는 경우, 그건 기도를 매일 반복되는 일과 중 하나로 고정시켜 놓지 않았기 때문일 수도 있다.

어떤 사람들은 아침에 이부자리를 걷어차기도 전에 기도 시간을 갖기도 한다. 그런가 하면 어떤 사람들은 커피를 마시면서 혹은 점심 식사를 하면서, 또는 직장 일이나 수업을 마친 후에, 또는 저녁 식사 후나 잠자기 바로 전에 기도 시간을 갖기도 한다. 하루 중 어느 시간을 선택하든 그 시간을 성실하게 지키기만 한다면 상관없다. 기도는 우리의 일상적인 리듬 속에 꼭 들어 있어야 한다.

당신이 대체로 방해받지 않는 시간, 세상과 차단되어 하나님께만 주파수를 맞출 수 있는 시간을 선택하라. 그와 동시에, 당신이 하나님의 임재 안에 침잠해 있는 동안 당신의 피난처요 지성소가 될 수 있는 장소를 선택하라.

내가 알고 있는 사람들 중에 열렬히 기쁘게 꾸준히 기도하고 있는 사람들은 대체로 자기가 매일 기도하는 물리적인 장소를 정해 놓고 있다. 그 중에는 일주일에 5일을 통근 열차 안에서 기도하는 형제도 있다. 그는 팔라틴 역에서 기차에 올라타면 시카고에 도착할 때까지 내내 기도를 한다. 고속 열차를 탄 경우에는 40분, 그렇지 않은 경우에는 1시간 정도다. 그가 말하기를 그 기차의 한 좌석이 그에게는 거룩한 장소다.

매일 일을 시작하기 전에 식당 한 켠에서 기도하는 사람도 있고, 정원이 내다보이는 슬라이드 유리문 옆에 앉아서 기도하는 사람도 있으며, 집에 있는 사무실에서 컴퓨터로 기도문을 쓰는 자매도 있다. 어떤 장소든 기도의 장소가 될 수 있다. 정말로 중요한 것은, 우리가 기도를 늘 기억하기 원한다면, 주님과의 만남을 위해서 구체적인 장소와 구체적인 시간을 정해 놓는 것이다.

예부터 내려오는 전형적인 죄

하지만 우리들 대부분이 느끼는 기도의 문제는 시간이나 장소가 없는 것이 아니다. 기도하는 장소도 있고 전에는 거기서 규칙적으로 기도도 했었다. 그런데 언제부터인지 그 장소에 가고 싶지 않은 것이다. 더 이상 기도에 열의가 없다.

만약 우리에게 이와 같은 느낌이 든다면, 우리는 죄책감이나 수치심으로 괴로워하고 있는지도 모른다. 우리가 저지른—혹은 지금 저지르고 있는—어떤 일이 하나님과 우리 사이를 가로막고 있는지도 모른다.

더 이상 기도하지 않게 된 사람들에게 그 이유를 설명해 주어야 할 때, 나는 때로 이렇게 말한다. "자, 지난 시간을 되짚어 봅시다. 그런 느낌이 들기 시작한 게 언제쯤인 것 같습니까? 그 시기에 형제님한테는 어떤 일들이 있었나요?"

솔직하고 자각적인 사람들은 종종 이런 식의 대답을 한다. "글쎄요…맞아요! 제가 꽤 거창하게 파티를 열었던 그 때였어요. 그 때부터 엄청 분주해지기 시작하더니, 생활이 약간 균형을 잃게 되었어요."

이렇게 말하는 사람도 있을 것이다. "직장 일이 정말 바빠지던 그 때였어요. 그러면서 욕심이 생기기 시작하더니, 돈 버는 게 제 인생의 가장 큰 추진력이 되기 시작했죠."

"제 생각에는 제가 상담을 좀 받기 시작하면서였던 것 같아요. 처음엔 상담이 도움이 되었죠. 하지만 결국은 문제들을 직면하기보다는 제 자신에게 푹 빠지게 되었답니다. 그러고는 저도 모르는 사이에 제 자신이 우주의 중심이 되어 버렸죠. 하나님은 주변으로 밀어 버리고요."

"분명 제가 남자 친구랑 같이 이사 들어와서 살기 시작한 그 때부터예요."

이런 사람들한테는 다음과 같이 말해 줄 수밖에 없다. 즉, 세세한 내막이야 어떠하든지 이런 구닥다리 죄들은 상당히 강력해서 하나님과 우리의 관계의 간격을 얼마든지 벌어지게 할 수 있다고 말이다. 그 간격이 커지면 커질수록 우리는 기도할 마음이 적어진다. 그리고 기도를 적게 하면 할수록 간격도 점점 더 커진다.

하나님의 이름을 멸시하는 것

나는 경계선을 넘은 행동을 했던 때를 기억하고 있다. 물론 내가 죄를 짓고 있다는 것은 알았지만, 내 사무실에서 드리는 새벽 기도 시간이 왜 그렇게 냉랭하고 기계적으로 느껴지는지를 몰라 의아해했었다. 규칙적으로 기도하는 시간과 장소가 있는데도 그냥 왠지 하나님과 깊이 있는 대화로 들어가고 싶지가 않았다.

그러다가 말라기에 나오는 하나님의 말씀을 읽게 되었다. "나 만군의 주가 말한다. 제사장들아, 너희가 바로 내 이름을 멸시하는 자들이다. 그러나 너희는 '우리가 언제 주님의 이름을 멸시하였습니까?' 하고 되묻는다."

여러 모양으로 그렇게 했다고 하나님은 말라기 선지자를 통해 말씀하신다. 그 중 몇 가지만 들어 보겠다.

그들은 **하나님을 속여먹었다**. 하나님은 최상의 짐승만을 희생 제물로 바치라고 분명히 훈계하셨건만, 이스라엘 백성들은 가장 좋은 값을 받을 수 있는 우수한 짐승은 시장에 내다 팔고, 값어치 없는 짐승들—눈먼 짐승, 절룩거리는 짐승, 죽을 때가 다 된 짐승—을 취해 하나님의 제단 앞에 가져다 놓았다(말 1:7-8).

그들은 또한 **가난한 자들을 속여먹었다**. 말도 안 되는 저임금을 지불하고, 혼자된 아이 엄마가 경제적으로 삶을 영위하기 어려울 정도로 고생시키며, 불법 이민자라고 부당하게 대우하는 식으로 말이다(말 3:5).

게다가 그들은 **자기 가족도 속여먹었다**. 이혼이 범람했던 것이다. "너희가 잘못한 일이 또 하나 있다. 주님께서 너희 제물을 외면하시며 그것을 기꺼이 받지 않으신다고, 너희가 눈물과 울음과 탄식으로 주님의 제단을 적셨다. 그러면서 너희는 오히려, '무슨 까닭으로 이러십니까?' 하고 묻는다. 그 까닭은, 네가 젊은 날에 만나서 결혼한 너의 아내를 배신하였기 때문이며, 주님께서 이 일에 증인이시기 때문이다. 그 여자는 너의 동반자이며, 네가 성실하게 살겠다고 언약을 맺고 맞아들인 아내인데도, 네가 아내를 배신하였다"(말 2:13-14).

말라기를 통해서 하나님은 이렇게 선포하셨다. "나를 속여먹고, 너희 중에 압제당하는 자들과 심지어는 너희 가족들까지 속여먹고, 그러고도 감히 나한테 축복을 구하느냐? 나를 거슬러 죄를 짓고도 뻔뻔스럽게 나한테 부탁을 해? 너희가 나를 그렇게 거역하고 불순종해도 내가 아무렇지도 않으리라고 생각하느냐? 미안하지만, 난 그렇지가 않다. 너희의 죄 때문에 내 마음이 찢어지고, 배신당했다는 느낌이 든다."

하나님께 굴복하는 삶을 살지 않으면, 우리는 하나님과의 친밀함과 따스함을 잃어버리게 된다. 과거에 누렸던 기도 시간들을 추억하며 향수에 젖을 수는 있겠지만, 우리가 죄로 인한 장벽을 쌓아 버렸기 때문에 하나님과 다시 사랑이 넘치는 관계를 누리기 위해서는 먼저 그 장벽부터 허물어야 한다. 우리가 하나님께 순종하기 전에는, 그것도 온전히 순종하기 전에는, 하나님과 깊이 있고 지속적인 교제를 가질 수가 없다.

장벽을 허물고

놀라운 사실은, 하나님과 우리 사이를 가로막은 그 장벽을 하나님 자신도 허물고 싶어하신다는 것이다.

우리는 하나님을 거스려 죄를 짓기도 하고, 주먹을 불끈 쥐고 흔들어 보이기도 하지만, 그래도 하나님은 우리에게 두 팔을 벌리고 이렇게 말씀하신다. "내게로 돌아오너라. 너도 그런 인생을 살고 싶지는 않잖아, 안 그래? 지금 가던 그 길을 계속 가고 싶지는 않지? 너의 죄를 인정해. 다 망쳐 버렸노라고 말해. 네가 잘못된 길로 들어섰다고 지적하는 내 말을 인정하렴. 내게로 돌아오너라. 그리고 다시 친밀한 관계를 맺자꾸나. 너의 기도는 다시 풍성하고 살아 있는 기도가 될 거고, 우린 다시 또 동행하는 거야." 성경이 그렇게 말하고 있다.

주님께서 말씀하신다.

"오너라! 우리가 서로 변론하자.
너희의 죄가 주홍빛과 같다 하여도
눈과 같이 희어질 것이며,
진홍빛과 같이 붉어도
양털과 같이 희어질 것이다"(사 1:18).

당신이 지금 당장 하나님 아버지와의 교제를 회복할 수 있다는 사실이야말로 복된 소식이다. 이렇게 회개 기도를 드리면 된다. "하나님, ______한 것 잘못했습니다. 제발 용서해 주세요. 여기서 돌이키기 원합니다. 그리고 당신과의 관계도 회복되기 원합니다."

당신이 이렇게 기도하면, 하나님은 당신을 회복시켜 주실 것이다. 그리고 그 후로는 기도가 좀 달라질 것이다. 당신은 다시 제 길로 들어서게 되는 것이다.

하나님은 청각 장애인?

어쩌면 당신은 매일의 일정 중에 기도하는 여유 시간을 꼭 가지고 있으며, 당신과 하나님 사이를 가로막고 있는 죄도 없는데, 하나님한테서 점점 멀어져 부유하고 있는 자신을 보게 될 수도 있다. 그래서 기도를 거의 포기하려 한다. 낙심되고, 환멸스럽고, 심지어 절망스럽기까지 하다.

당신의 아버지가 수술을 잘 받고 살아나시기를 열심히 기도했지만, 아버지가 살아나지 못하셨다.

아들 내외가 서로 화해하고 잘 살기를 바랐지만, 그렇지 못했다.

당신의 사업이 새로 나타난 경쟁자에도 불구하고 잘 버텨 주기를 기도했건만, 그렇지 못했다.

당신은 죄도 다 고백했고 도덕적인 삶을 살려고 노력하고 있다는 것을 스스로 잘 알고 있다. 당신의 요청이 이기적인 것도 아니다. 그런데 아버지가 돌아가셨다, 아들 내외가 이혼했다, 또는 사업이 파산했다. 하나님이 좀더 기다리라고 말씀하시는 것도 아니다. 그러기엔 너무 늦었다.

기도가 아무 효과가 없었다는 것이 분명한데, 왜 힘을 낭비하겠는가? 하늘에서 듣지 않으시는데, 하나님이 아무 상관 안 하시는데, 또는 하나님이 상황을 변화시켜 줄 능력이 없으신데, 왜 기도하겠는가? 차라리 자신을 우롱하는 짓은 그만하고 현실을 직시하는 게 낫지.

당신의 기도에도 불구하고 상황이 나아지지 않아 크게 실망한 적이 있다면, 그리고 만약 당신이 정직하게 그리스도를 따르는 사람이라면, 스스로에게 앞과 같은 질문을 한 적이 있을 것이다. 나도 뭐라고 쉽게 답변할 말은 없다. 영원의 이 편에서는 끝까지 확실히 밝혀지지 않을 것들이 있다. 사도 바울은 이렇게 말한다. "우리는 믿음으로 살아가지, 보는 것으로 살아가지 아니합니다"(고후 5:7).

하지만 제자들이 낙심할 때 예수님이 그들에게 무어라고 말씀하셨는지는 나도 확실히 말해 줄 수 있다. "예수께서 제자들에게, 늘 기도하고 낙심하지 말아야 한다는 뜻으로…말씀하셨다"라고 누가는 전한다. 예수님은 핵심을 설명하기 위해 비유를 들어 말씀하신 후에 이렇게 물으셨다. "하나님께서 자기에게 밤낮으로 부르짖는, 택하신 백성의 권리를 찾아 주시지 않으시고, 모른 체하고 오래 그들을 내버려두시겠느냐? 내가 너희에게 말한다. 하나님께서는 얼른 그들의 권리를 찾아 주실 것이다"(눅 18:1, 7-8).

예수님은 제발 낙심하지 말라고 간곡히 부탁하셨다. 기도를 쉬지 말라. 하나님 아버지는 정말 듣고 계신다. 우리의 모든 기도를 일일이 다 들으신다. 하나님은 우리에게 영향을 미치는 모든 것을 깊이 살피시고, 우리를 근심케 하는 것은 무엇이든지 간에 집중적으로 다루실 수 있는 무제한의 능력이 있으시다. 물론 하나님은 우리의 모든 기도를 결함투성이 인간들인 우리가 원하는 방식대로만 응답하시지는 않는다. 하지만 하나님은 우리가 인내하기를 바라시고, 우리와 벗하기를 좋아하신다. 하나님은 우리에게 최선을 주기를 간절히 원하신다.

"그래도 계속 기도했답니다"

몇 년 전에 우리 교회에서 주일날 세례식을 치른 적이 있었다. 많은 사람들이 그리스도를 따르겠다는 결심을 공적으로 선언하였고, 나는 너무 기뻐서 가슴이 터질 것만 같았다. 세례식을 마친 후 나는 계단에서 울고 있는 한 자매와 마주쳤다. 그런 축제를 마치고 울다니 이해가 되지 않았다. 그래서 잠시 발길을 멈추고 그 자매한테 괜찮냐고 물었다.

"아니요"라고 그녀가 말했다. "마음이 복잡해요. 오늘 어머니가 세례를 받았거든요."

'그게 문제라니?'라고 나는 생각했다.

"저는 어머니를 위해서 20년 동안 매일 기도했거든요." 그 자매는 이렇게 말하고는 또다시 울기 시작했다.

"그런데 왜 우는지 도대체 이해가 안 가는군요"라고 내가 말했다.

그 자매가 대답했다. "제가 우는 건요, 제가 어머니를 거의, **정말 거의** 포기하려 했었거든요. 그러니까, 기도한 지 5년쯤 되자 '이게 도대체 누굴 위한 거람? 하나님은 듣고 계시지도 않잖아'라는 생각이 들었어요. 10년이 지나자 '내가 왜 힘을 허비하고 있담?'이라는 생각이 들었죠. 15년이 지나자 '이건 말도 안 돼'라는 생각이 들었고, 19년이 지나니까 '내가 바보군, 바보야' 하는 생각이 들더라구요. 하지만 왠지 기도는 쉬지 않고 계속 했지요. 비록 믿음은 약했지만요. 쉬지 않고 계속 기도했는데, 결국 어머니가 그리스도께 인생을 바치게 되었고, 오늘 이렇게 세례를 받으신 거예요."

그 자매는 잠시 숨을 돌리고 내 눈을 들여다보며 이렇게 말했다. "다시는 기도의 힘을 의심하지 않겠어요."

묵상과 토론을 위한 질문들

1. 당신이 처음으로 진지하게 기도하기 시작했을 때, 그 때의 기도는 어떠했는가? 그 후 기도 생활이 냉랭해지는 시기를 경험해 본 적이 있는가?

2. 저자는 말하기를, "우리의 기도가 멈추거나 식어 버리는 한 가지 이유는, 우리가 너무 편안하기 때문이다"라고 말한다. 당신도 그렇다고 생각하는가? 당신도 너무 편안해서 기도하지 않았던 적이 있었는가?

3. 당신이 하나님께 범죄했기 때문에 기도가 막혔던 적이 있는가? 그 시기에 당신은 죄가 하나님과의 만남의 시간에 어떤 영향을 미친다는 것을 깨달았는가?

4. 어떻게 하면 우리는 죄로 인한 장애물을 허물고 하나님과의 관계를 회복할 수 있겠는가?

우리의 심령에 말씀하시는 하나님

기도는 인간의 자율성에 대한 도전이요 독립적인 삶에 대한
고발이다. 단호하게 자기 나름대로의 길을 가고 있는 바쁜 사람들에게
기도는 매우 황당한 방해꾼이 아닐 수 없다. 기도는 우리 인간의 교만한 본성과는
아주 이질적인 것이다.
그런데도 언제 어디선가, 어찌면 우리 모두는
털썩 무릎을 꿇고 머리를 조아리며 오로지 하나님께만 관심을 기울인 채 기도할 수밖에 없는 시점에
다다른다. 혹시라도 누가 볼까 싶어
주변을 두리번거릴수도 있고,낯이 뜨거워질 수도 있다.
하지만 그 낯설음에도 불구하고 우리는 기도를 하는 것이다.
왜 우리는 기도에 마음이 끌리는 걸까?
여기에는 두 가지 설명이 가능하다.
하나님의 임재에 둘러싸여우리가 기도하는 이유는, 직관적으로건 경험적으로건 하나님과의 가장 친밀한 연합은
오로지 기도를 통해서만 얻을 수 있다는 것을 알고 있기 때문이다.
시련이나 시험을 당해본 사람들, 가슴아픈 일이나 슬픈 일, 혹은 실패나 낙담,
외로움이나 차별을 겪어본 사람들에게 물어보라. 그들이 마침내 무릎을 꿇고 주님께 마음을 쏟아
그들의 영혼에 무슨 일이 일어났는지를.

삶의 속도 늦추기 11

우리는 기도의 중요한 면들을 몇 가지 살펴보았다. 하나님을 아버지로 여기고 그분 앞으로 나아오라는 은혜로운 초대, 우리가 꿈꾸며 요청한 것 이상으로 역사하실 수 있는 하나님의 놀라운 능력, 효과적으로 기도하기 위해서 우리가 반드시 계발해야 한다고 예수님이 말씀하신 기도의 습관과 태도들, 기도 속에 꼭 포함시켜야 할 몇 가지 범주들, 우리의 기도가 항상 우리가 바라는 대로만 응답되지는 않는 이유들 그리고 기도 생활이 시시때때로 메마르게 되는 이유 등을 살펴보았다.

기도에 관한 이런 정보들도 중요하긴 하지만, 우리가 기도 시간을 충분히 갖기 위해 삶의 속도를 늦추지 않는다면, 모두 부질없는 것이다. 우리 대부분은 너무 바빠서 영적 건강에 소홀하기 쉽다.

바쁘다 바빠

직장 생활을 하는 사람들은 시간이 곧 돈이라고 훈련받는다. 시간 관리, 효율적이고 이득이 되는 시간 사용 그리고 그렇게 신경을 쓴 결과 나타나는 시간에 대한 압박감 조절하기 등에 관해 이야기를 하는 것도 모두 이런 이유에서다.

할 일을 좀더 우겨 넣으라. 좀더 일찍 시작하라. 좀더 늦게까지 일하라. 일감을 집에까지 가져가라. 출퇴근 길에는 노트북을 사용하라. 운전하는 동안 고객에게 전화를 걸라. 비행기에 탄 동안에는 이메일을 열어 보라. 아침, 점심, 저녁 식사도 이윤이 남을 일에 맞춰 일정을 짜라. 실적, 실적, 실적—실적이야말로 승진과 보상금과 권력의 핵심이다.

일반 자동차의 엔진이 1분에 4천 번을 회전한다면, 어떤 경주용 차들은 1분에 1만 번을 회전한다. 직장에서의 사고 방식은 이렇다. "아침에 잠자리에서 일어나는 즉시 엔진의 분당 회전수를 1만 회로 높이고, 밤이 되어 침대에 나가떨어질 때까지 계속 그 속도를 유지하라."

그렇게 엄청난 속도에 휩쓸려 사는 것도 보람있는 일일 수 있다! 아드레날린이 흘러넘치기 시작하고 당신은 차에 올라탄다. 그리고 당신의 차는 점점 더 빨리 달리기 시작한다. 얼마나 신나는 일인가! 하지만 그런 생활은 하나님과 함께하는 소중하고 조용한 시간을 거의 허용치 않는다.

굳이 사업가만 그렇게 지나치게 일에 몰두하는 건 아니다. 어린 아이를 키우는 여성들은 하루 종일 분당 1만 회의 속도로 산다는 것이 무슨 의미인지 잘 알고 있다. 그들은 매일 매순간, 엄마의 바짓가랑이를 잡아당기고 벽에 낙서를 하고 흙 묻은 신발로 카페트를 더럽히고 방바닥에 음식물을 쏟고 한밤중에 '감히' 부스럭거리는 꼬마 녀석들 때문에 시간을 소진한다.

배우자 없이 혼자 일하며 가족을 부양하는 편부 편모들은 우리들보다 생활의 속도가 두세 배 더 빠르게 돌아간다. 하루 종일 쉴새없이 이어지는 직장에서의 요구와, 퇴근 후에는 그보다 더 쉴새없이 이어지는 자녀들의 요구를 그들이 어떻게 충족시키며 살아가는지, 나로서는 이해하기 힘들 정도다. 시간 제한도 없이 말이다.

그런가 하면 교회 목사들, 장로들, 당회원들도 여느 사람들 못지않게 혹독하게 빠른 속도로 활동하는 모습을 볼 수 있다. 무심한 시간은 단 한 순간도 없다. 반추하는 시간도 물론 없다. 이런 상황이 너무 두려워서, 나는 스스로에게 이렇게 질문한다. '이렇게 다람쥐 쳇바퀴 도는 생활 속에서 고요하고 세미한 하나님의 음성이 차지할 자리는 과연 어디인가? 하나님이 우리를 인도하시고 안내하시고 교정하시고 확신을 주시도록 시간을 내어 드리는 때는 언제인가? 우리가 거의, 혹은 전혀 그렇게 하지 않는다면, 어떻게 우리는 진정으로 온전한 그리스도인의 삶을 영위할 수 있겠는가?'

진정한 그리스도인

진정한 기독교(authentic Christianity)란 일련의 교리들을 배워서 전부가 같은 방향으로 행진하는 사람들 틈 속에 발을 들여놓는 것이 아니다. 좀 덜 행복한 사람들에게 인도적인 봉사를 베푸는 것만도 아니다. 진정한 기독교란 동행이다. 살아 계시고 역동적이며 대화하시는 하나님과의 초자연적인 동행. 따라서 기독교적 삶의 핵심이자 본령은, 하나님의 음성을 듣는 법을 배우고 그분께서 우리에게 행하라고 말씀하시는 것을 행할 수 있는 용기를 키우는 것이다.

진정한 그리스도인들은 다른 사람들, 심지어 다른 그리스도인들에게서조차 초연하다. 마치 남들과는 다른 북소리에 귀기울이는 사람 같다. 그런 사람들의 성품은 더 깊이가 있고, 생각은 더욱 신선하며, 영혼은 더 부드럽고, 용기는 더 크며, 지도력은 더 강하고, 관심사는 더 폭넓고, 긍휼의 마음은 더 진실하고, 확신은 더 구체적이다. 그들은 힘든 상황에서도 기뻐하고 나이보다 성숙한 지혜를 보여 준다.

진정한 그리스도인들은 깜짝 놀랄 만한 요소들로 가득하다. 그들이 어떤 사람인지 당신이 확실하게 파악했다고 생각하는 순간, 그들은 예측 불가능한 사람임이 드러난다. 그들 주변에 있으면 살짝 균형을 잃는다는 느낌이 든다. 왜냐하면 다음에 무슨 일이 있을지 예상할 수가 없기 때문이다. 하지만 시간이 지나면서 당신은 그들의 예기치 못한 아이디어와 행동들이 신뢰할 만하다는 것을 깨닫게 된다.

그 이유는 진정한 그리스도인들이 주님과 긴밀한 관계를 맺고 있기 때문이다. 그것은 매일 매일이 새로운 그런 관계다. 경건한 사람들에 대해서 시편 기자가 말했듯이, "오로지 주님의 율법을 즐거워하며, 밤낮으로 율법을 묵상하는 사람이다. 그는 시냇가에 심은 나무가 철 따라 열매를 맺으며 그 잎이 시들지 아니함 같으니, 하는 일마다 잘 될 것이다"(시 1:2-3).

이 정도의 진정함에 도달하는 그리스도인들은 낯뜨거울 만큼 드물다. 대부분의 그리스도인들은 너무나 바쁘기 때문이다. 그리고 이 분주함이야말로 영적인 진정함의 적수이며, 이것은 성경이 **세상적인 것**(worldliness)—하나님과의 동행은 무시한 채 이 사회의 현안과 목표와 활동에 휩쓸리는 것—이라고 부르는 것과 밀착되어 있다.

거두절미하고, 진정한 기독교의 핵심 요소는 바로 시간이다. 쓰다 남은 시간 말고, 내버리는 시간도 말고, 질적인 시간, 명상과 묵상과 반추를 위한 시간, 서두르지 않고 방해받지 않는 시간 말이다.

속도를 늦추는 삶에 헌신하라

온전한 결혼 생활을 위해서도 이런 시간이 필요하다. 많은 결혼 관계들은 피상적이다. 남편들은 직장에서 일을 잘해 꺾여진 자존감을 세워 보려는 희망으로 온통 일에 파묻혀 산다. 아내들은 아이들에 파묻혀 살고, 게다가 직업까지 갖고 있을지도 모른다. 그래서 부부는 현관 앞에서, 복도에서, 옷장 앞에서 서로 스쳐 지나갈 뿐이다. 한 침대에서 같이 자고 때로는 식탁에 같이 앉기도 하지만, 둘 사이에 친밀감은 별로 없다. 같이 살고는 있지만 서로가 서로를 키워 주지는 못하는 것이다. 두 사람은 활기차고 신선하고 온전한 관계를 맺고 있지 않다.

대부분의 부부는 그저 함께 사는 걸로 그치고 만다. 하지만 용기 있는 소수의 부부는 그 이상을 고집한다. 그게 쉽지 않다는 건 알지만, 그래도 온전한 결혼 관계를 위해 분투하기로 결심한다. 시간이 걸린다는 것도 안다. 자기가 중요시하던 활동을 포기해야 할 수도 있다. 변화를 위해서는 실제적인 방법이 필요할 수 있다는 것도 안다. 저녁 데이트 시간을 정한다든지, 저녁 산책을 한다든지, 텔레비전 보기를 포기한다든지, 저녁 식사 후에 함께 식탁에 앉아 이야기를 나눈다든지 하는 방법들 말이다. 필요하다면 자기의 일정표를 찢어 버리고 처음부터 다시 시작하기도 한다. 그로 인한 결과가 값어치가 있기 때문이다.

그리스도를 믿는 신자들도 때로는 하나님과의 관계에서 이와 동일한 지점까지 도달한다. 그들은 "살아가는 동안에 근심과 재물과 인생의 향락에 사로잡혀서"(눅 8:14), 더 이상 성장도 성숙도 없다는 것을 깨닫는다. 그리스도와 동행하던 삶이 점점 서행하다가 결국은 기다시피 되거나, 아예 멈춰 버리기도 한다.

만일 당신에게 이런 일이 벌어지고 있다면, 언젠가 당신은 이렇게 말해야 할 것이다. "이제 그만! 그리스도인인 척하는 행동은 이제 그만 해야겠어. 그리스도인으로서의 내 생활이 제멋대로 굴러가게 할 수는 없어. 의미 없는 기도나 읊어대고, 삶 속에서 소화하지도 못하면서 성경 책장이나 넘기는 짓은 이제 그만두겠어. 양다리 걸치기는 이제 안 할 거야. 예수 그리스도와 온전히 동행하기 위해서라면 어떤 값이라도 치를 거야."

이렇게 헌신을 한 그리스도인들은 그러려면 시간이 필요하다는 것을 안다. 뭔가 좋은 것을 포기해야 할 것이다. 삶의 분당 회전수(rpm)를 10만 회에서 5천 회로 그리고 5백 회로 줄이기 위해서는 실제적인 방법을 동원해야 할 수도 있다. 그래야만 하나님과 더불어 평화로운 가운데 주님이 말씀하시는 것을 들을 수 있는 상태가 되는 것이다.

그리스도인다운 삶이 쉽다고 말한 사람은 한 명도 없었다. 하지만 이 세상에 그보다 더 중요하거나, 그보다 더 꾸준히 가치 있는 것이 과연 있을까?

삶의 분당 회전수 줄이기

나는 당신에게 실제적이고 검증되었으며 효과를 보증할 수 있는 삶의 속도를 늦추는 방법을 제안하고자 한다. 이 방법은 삶의 속도를 늦춤으로써 아무렇게나 되는 대로 살던 것을 멈추고 온전한 그리스도인의 삶을 영위하는 데 도움이 될 것이다. 이것은 세 단계 프로그램인데 정말 효과가 있다.

기도에 관한 책에서 다루기에는 적합하지 않게 보일 수도 있지만, 우선 나는 현실적으로는 매우 중요한 한 가지 방법을 설명하고자 한다. 당신의 삶이 한 번에 여러 방향으로 정신없이 돌진하고 있다면, 당신은 그리스도인다운 삶에 절대적으로 필요한 깊고 서두르지 않는 기도를 도저히 할 수 없다. 하지만 이 방법을 사용하면 당신은 "잠깐 손을 멈추고" 하나님이 하나님 되심을 "아는" 법을 배워 나가게 될 것이다(시 46:10).

삶의 분당 회전수를 줄이기 위한 첫 단계는 **일기 쓰기**(journaling)다. 오랫동안 나는 이것을 정확히 어떻게 해야 하는지 몰랐었다. 하지만 막상 알고 나니, 그렇게 하고 싶지가 않았다.

일기 쓰기는 꾸준히 기록하는 것을 의미한다. 여기서 일기는 영적인 기록으로서, 당신의 경험, 관찰, 묵상 등을 적는 것이다. 그 날 있었던 사건들 뒤에 숨어 있는 의미를 돌이켜 생각해 보고, 떠오르는 생각들을 기록하기도 한다.

내가 처음 일기 쓰기에 대해 들었을 때, 나는 대낮에 몇 시간이고 앉아서 끊임없는 의식의 흐름을 끝도 없이 종이에 적어대는 사람들을 상상했었다. 그러고는 이렇게 생각했다. '그렇게 할 수 있는 사람은 나와는 종류가 다른 사람이지. 그 시간에 좀더 나은 일을 할 수도 있지 않을까?'

하지만 오랜 세월에 걸쳐 나는 매우 다양한 사람들의 글을 접하게 되었는데—신비주의자들, 청교도들, 성경을 경건하게 잘 이해하고 있는 현대 작가들 등—이들에게는 한 가지 공통점이 있는 것 같았다. 그들 대부분이 일기 쓰기를 하고 있는 점이었다.

게다가 우리 교회 안에서나 우리나라 안에서 내가 깊이 존경하는 인격을 갖춘 이들이나 사역을 감당하는 사람들에게서 나는 뭔가를 발견하기 시작했다. 그들도 대부분 일기 쓰기를 하고 있었던 것이다. 그렇다고 이들이 하루의 태반을 몽상으로 보내는 사람들이 아니라는 건 잘 알고 있었다.

실제적인 일기 쓰기

그러던 차에 나는 고든 맥도날드(Gordon MacDonald)가 쓴 「내면세계의 질서와 영적 성장」(IVP)이라는 책을 읽게 되었다. 이 책에서 맥도날드는 일기 쓰기를 제안했는데, 그것은 약간 변형된 형태였다.

그는 이렇게 말했다. 문구점에 가서 스프링 노트를 한 권 사라. 이 노트에 매일 일기를 쓰되, 분량은 하루 한 면으로 제한하라. 매일 백지를 한 장씩 넘길 때마다 맨 위에다가 **어제**라고 적으라. 그리고 한두 단락을 할애해서 어제 있었던 일들을 반추하며 적어 보라. 일종의 경기 후 분석(postgame analysis) 같은 것이다.

무엇이든 쓰고 싶은 걸 쓰라. 당신이 접촉했던 사람에 관한 짤막한 설명도 좋고, 만날 약속이나 해야 할 결정들, 생각, 감정, 기분 좋았던 순간, 우울했던 순간, 좌절, 성경에서 읽은 내용, 당신이 앞으로 할 일, 혹은 하지 않은 일 등등 무엇이든 좋다. 고든 맥도날드에 의하면, 이 훈련은 영적인 발전으로 나아가는 데 엄청난 진일보를 이룬다고 한다.

그의 접근법은 내가 대낮에 신비주의자들이나 할 것이라고 생각하며 느낀 것만큼 그렇게 내 흥미를 떨어뜨리지는 않았다. 반면에 회의적인 생각은 좀 들었다. '글쎄, 그런 훈련이 무슨 유익이 있을까?'

저자는 말하기를, 우리 대부분은 삶을 점검하지 않고 살아간다는 것이다. 우리는 날마다 똑같은 잘못을 반복한다. 우리가 내린 결정이 좋았든 나빴든 간에 그것들을 통해서 교훈을 얻지도 않는다. 우리는 왜 지금 여기 있는지, 또 어디로 갈 것인지도 알지 못한다. 일기 쓰기의 유익한 점 하나는, 우리 삶을 검토하지 않을 수 없게 한다는 것이다.

하지만 그가 말하는 더 큰 유익이 있다. 일기 쓰기라는 행위 자체가—의자에 앉아서 스프링 노트를 가져다가 우리 삶에 관심을 집중하고 5내지 10분 정도 글을 쓰는 행위 자체가—우리 삶의 분당 회전수를 1만 회에서 5천 회로 감소시켜 준다는 것이다.

'바로 나한테 필요한 거로군.' 나는 생각했다.

나는 아침에 에너지가 충만한 형이다. 그 날 일을 사무실에 도착할 때까지 기다렸다가 하지를 못한다. 그리고 일단 아드레날린이 흘러넘치기 시작하고, 전화벨이 울리기 시작하고, 사람들이 나를 만나러 오기 시작하면, 나는 밤에 녹초가 될 때까지 쉽게 분당 회전수 1만 회를 유지할 수 있다. 그래서 나는 일기 쓰기를 시작하기로 결심했다. 밑져야 본전 아닌가?

나의 첫 일기 쓰기는 이렇게 시작되었다. "어제 나는 글쓰기라는 개념이 싫다고 말했고, 시간을 내서 글을 쓰는 사람들을 상당히 의심스럽게 여겼다. 물론 지금도 그렇긴 하지만, 이것을 통해서 내 삶의 속도를 늦추고, 내가 올바른 방식으로 그리스도와 대화하고 동행하는 법을 배울 수만 있다면, 나도 일기 쓰기를 해야겠다."

그렇게 나는 일기 쓰기를 하게 되었다. 그것도 매일! 내용이 그리 심오한 것 같진 않지만, 그게 핵심은 아니다. 놀라운 사실은 내가 일기를 쓸 때 내 삶의 분당 회전수에 일어난 일이다. 내가 어제의 일을 정리하는 긴 단락을 다 쓸 때까지, 내 마음은 모든 책임에서 벗어나 내가 지금 하고 있는 일과 생각에 맞추어지고, 내 엔진 속도는 절반으로 줄어든다.

글로 쓰는 기도

따라서 일기 쓰기는 기도하기 위해 삶의 속도를 늦추는 데 가장 중요한 첫 단계다. 우리의 육체에 잠깐이나마 휴식을 주고, 마음을 집중하게 해준다. 또 단 몇 분이나마 우리 영혼이 자유롭게 활동하게 해준다. 하지만 일기 쓰기가 당신의 삶을 엄청나게 개선시켜 줄 수는 있지만, 그것 자체가 당신을 온전한 그리스도인으로 바꾸어 주지는 못한다. 일기 쓰기는 올바른 방향으로 나아가는 첫 단계에 불과하다.

당신이 스프링 노트를 사서 첫 면을 글로 채우고 삶의 속도를 절반으로 늦추었다면, 그 다음 단계는 무엇인가? 당신의 엔진은 여전히 보통 차로서는 위험한 수위의 속도로 달리고 있는데.

삶의 회전 속도 늦추기 프로그램의 두 번째 단계는 당신이 이미 알고 있는 것으로서, 혹시 이미 실천하고 있을지도 모른다. 내가 제4장에서 이미 말한 바 있듯이, **당신의 기도를 글로 쓰는 것**이다.

어떤 사람들은 말하기를, 자기들은 규칙적인 기도 시간을 정할 필요가 없다고 한다. 바쁘게 뛰는 와중에 기도한다는 것이다. 그건 말도 안 되는 소리다. 바쁘게 뛰는 와중에 결혼 생활을 세우려고 해 보라. 하나님과의 관계든 다른 사람과의 관계든, 관계는 그런 식으로 세워 나갈 수가 없다. 누군가를 알기 위해서는, 삶의 속도를 늦추고 그 사람과 함께 시간을 보내야만 한다.

그래서 나는 일기 쓰기를 통해 내 삶의 분당 회전수를 1만 회에서 5천 회로 늦춘 다음에는, 스프링 노트를 뒤집어서 맨 뒤에서부터 기도를 적는다. 일기 쓰기와 마찬가지로 기도 적기도 분량은 한 면으로 제한한다. 그렇게 함으로써 이 훈련에 너무 짓눌리는 것을 막고 매일매일 확실히 할 수 있다. 또 내가 매일 해 내야 할 책임들이 있으므로, 시간도 현실적으로 할애할 수 있다.

기도를 적고 나면, 노트를 캐비닛에 넣은 다음 무릎을 꿇고 앉는다. 이 부분에서는 모든 사람이 나처럼 하지는 않지만, 내 경우는 무릎을 꿇고 기도하는 게 훨씬 효과가 있다는 것을 알게 되었다. 이제 나는 그 기도를 큰 소리로 읽으면서 덧붙일 사항이나 관심사들을 첨가하기도 한다.

조용한 가운데 듣기

이 시점쯤 되면 나의 분당 회전수는 500회로 줄어들고, 나는 정말로 나긋나긋해진 나 자신을 느낄 수 있다. 내 마음은 부드러워졌고, 나는 주님께 그분의 영으로 내게 말씀해 달라고 초청한다. 이제 나는, 주님이 "부드럽고 조용한 소리"(왕상 19:12)로 말씀하고자 하실 때 그 음성을 들을 수 있을 만큼 충분히 고요해졌다.

하나님의 음성 듣기. 이것이 바로 분당 회전수 줄이기 프로그램의 세 번째 단계다. 이 단계는 너무도 중요하기 때문에, 이 책의 나머지 부분은 모두 이 부분에 할애하였다. 여기서는 하나님의 임재 속에 거하는 이 순간이야말로 정말 중요한 시간이라는 점을 지적하는 걸로 만족하자. 온전한 기독교의 향기가 풍겨나오는 진원지는, 이렇게 서두르지 않고 고요하게 하나님의 영과 교통하는 순간이다.

쉬지 않고 끊임없이 활동하는 것으로는 온전한 그리스도인이 될 수 없다. 그 활동들이 모두 교회와 관련된 것이라 할지라도 그렇다. 사역, CCM 공연, 주말 세미나, 당회 모임 등이 모두 소중할 수는 있지만, 당신에게 능력을 공급해 주는 원천은 아니다. 능력은 침묵의 시간을 통해서 온다. 당신의 인생 행로 전체를 바꾸는 결정들은 보통 지성소에서 나온다.

이 장을 시작하면서 했던 말을 다시 한 번 반복해야겠다. **영적인 온전함의 대적은 바로 분주함이다**. 이제는 삶의 속도를 늦추고 묵상하면서 귀를 기울여야 할 때다. 그리고 이제는 이 절대절명의 중요한 주제, 바로 하나님의 음성 듣는 법을 배울 차례다.

묵상과 토론을 위한 질문들

1. 지난 한 주 동안 당신의 일정을 채웠던 일들을 목록으로 적어 보라. 당신은 시간 사용을 잘 하고 있다고 느끼는가? 혹은 지나치게 많은 일들로 분주하지는 않은가?

2. 당신은 기도하는 것이 유익한 시간 사용이라고 진심으로 믿고 있는가? 왜 그런지 말해 보라.

3. 저자가 말하는 '진정한 기독교'란 무슨 의미인가?

4. 과거에 일기를 썼던 적이 있다면, 그 때 어려웠던 점은 무엇이었는가? 또 유익했던 점은 무엇이었는가?

5. 당신이 기도를 글로 쓰기 어려운 이유는 무엇인가? 그런 장애물들을 어떻게 극복할 수 있겠는가?

듣는 기도 12

하나님께 뭔가를 아뢸 수 있다는 것은 영광이 아닐 수 없다. 우리는 사제나 성인, 기타 어느 중개자에게도 갈 필요가 없다. 미리 규정된 의례를 따를 필요도 없다. 예약된 시간을 기다릴 필요도 없다. 언제 어디서 어떤 상황에서든, 우리는 "담대하게 은혜의 보좌로" 나아가, "자비를 받고 은혜를 입어서 제때에 주시는 도움을" 받을 수 있다(히 4:16).

하지만 묘하게도, 우리는 대부분의 기도 시간을 하나님께 말씀드리는 시간으로 생각할 뿐, 혹시 하나님도 내게 할 말이 있으신 건 아닐까 하고 궁금해하는 경우는 거의 없다. 하지만 나는 기도에 관해 연구도 하고 기도도 하면서, 하나님이 다음과 같이 말씀하신다는 것을 느꼈다. "우리가 서로의 관계를 누리는 거라면, 왜 온통 너만 말을 하는 거냐? **나도** 말 좀 하자!"

하나님은 말씀하고 싶어하신다

하나님은 어떤 방법으로 우리에게 말씀하시는가? 한 가지 방법은 하나님의 말씀을 통해서다. 우리가 하나님의 말씀을 읽고 묵상할 때, 하나님은 그 말씀을 우리 삶에 적용해 주신다. 평상시에 익숙했던 구절이, 우리가 그것을 필요로 할 때 갑자기 눈에 확 들어온다. 우리가 처한 상황에 딱 맞게 새로운 의미로 다가오는 것이다. 그 구절이 바뀐 것도 아니다. 항상 하나님의 말씀 중 하나로 있어 왔다. 하지만 그 구절이 우리에게 가장 큰 도움이 될 시점에 성령님이 그 구절을 우리에게 주시는 것이다.

하나님이 우리에게 말씀하시는 또 다른 방법은 다른 사람들을 통해서다. 우리가 식사 준비를 할 시간도, 음식을 사 먹을 돈도 없을 때, 이웃이 음식을 갖고 온다. 그 때 하나님은 "내가 너에게 공급한다"고 말씀하시는 것이다. 우리 슬픔을 이해하고 우리를 위로하려고 애쓰며 안아 주는 친구의 품 속에서 하나님은 "내가 너를 보살핀다"고 말씀하신다. 하나님이 우리를 위해 선택하신 행로를 똑같이 지목하는 상담가를 통해서 하나님은 "내가 너를 인도한다"고 말씀하시는 것이다.

하나님이 우리에게 말씀하시는 세 번째 방법은 성령의 직접적인 인도를 통해서다. 삼위 중 세 번째 인격이신 성령님은 우리와 대화하실 준비가 되어 있고, 또 대화하고 싶어하시며, 대화하실 능력도 있으시다. 성경에 따르면, 그분은 그리스도를 따르는 자들을 인도하시고, 꾸짖으시고, 확신 주시고, 위로하시고, 안심시키는 분이다.

하지만 하나님이 자신에게 말씀하실 거라고 기대하지 않는 그리스도인들이 상당히 많다. 그들의 행동을 보면 마치 예수님은 부활하신 후 40일 만에 짐을 꾸려 하늘로 돌아가신 후, 다시는 소식이 없는 분인 것 같다. 이런 태도들이 만연해 있긴 하지만, 그런 하나님은 성경이 보여 주는 하나님의 모습과는 맞지 않는다.

하나님은 이스라엘 백성에게 말씀하셨다

성경은 하나님이 자신의 백성에게 직접적으로 그리고 개인적으로 말씀하셨던 사건들로 가득하다. 하나님은 "바람이 서늘할 때에" 에덴 동산을 거닐다가 발길을 멈추고 아담과 하와와 이야기를 나누셨다(창 3:8). 하나님은 아브라함에게도 자주 말씀하셨다. 그를 한 장소에서 불러내기도 하시고 다른 장소로 인도하시기도 했으며, 그로 큰 민족을 이루게 하겠다고 약속하시기도 했다. 하나님은 시내산 꼭대기, 타는 떨기나무 속에서 모세에게 말씀하셨고, 모세가 이스라엘 백성을 약속의 땅으로 인도하는 동안 조언이 필요할 때마다 모세에게 말씀하셨다. 그분은 여호수아에게 군사적 조언을 해주셔서, 이스라엘 백성이 흉포한 가나안 족속을 무찌르게 하셨다. 그분은 다윗과도 말씀하셨는데, 이스라엘을 다스리는 일에 관해서, 다윗의 개인적인 죄와 고민들에 관해서 말씀하셨다. 사실 구약 전체를 볼 때, 하나님은 말씀하셨고, 이스라엘 백성은 그 말씀을 들었다. 아니면 아예 무시해 버리든가. 이 형태는 신약에 와서도 계속된다.

하나님은 초대교회에 말씀하셨다

하나님은 다메섹 도상에서 눈이 멀 정도로 강한 빛을 통해 박해자 사울에게 말씀하셨다. 그리고 사도 바울이 로마 제국 전역을 돌며 복음을 전할 때 늘 그를 인도하셨다. 하나님은 베드로에게도 환상을 통해 교제의 폭을 이방인에게까지 넓히라고 말씀하셨다. 또한 외로운 섬에서 유배중이던 사도 요한에게 말씀하사, 인간 역사 속에서 자신의 목적이 무엇인지를 보여 주셨다. 하나님은 초대교회 성도들이 지도자를 뽑을 때, 서로의 필요를 채워 줄 때, 가는 곳마다 예수 그리스도의 좋은 소식을 들고 갈 때, 늘 성령님을 통해서 그들을 인도하셨다.

그리고 예수님은 성령님이 영원히 교회와 함께하실 것을 약속하셨다. "내가 아버지께 구하겠다. 그리하면 아버지께서 다른 보혜사를 너희에게 보내셔서, 영원히 너희와 함께 계시게 하실 것이다. 그는 진리의 영이시다.…나는 너희를 고아처럼 버려두지 아니하고, 너희에게 다시 오겠다"(요 14:16-18).

1세기가 끝나면서 하나님도 목소리를 잃어버리셨다고 믿는 건 말도 안 된다. 기독교의 정수가 전능하신 하나님과 인간 개개인의 관계라면, 하나님은 오늘날도 여전히 신자들에게 말씀하신다고 볼 수밖에 없다. 관계란 한쪽만 일방적으로 말을 해서는 성립될 수가 없다. 두 사람 간에 빈번하고 꾸준하고 친밀한 접촉, 양쪽이 번갈아 말도 하고 듣기도 하는 접촉이 필요한 법이다.

유한한 인간과 무한한 하나님이 서로 대화를 나눈다는 것은 분명 초자연적인 일이다. 하지만, 그게 뭐 그리 놀랄 일이겠는가? 정상적인 기독교적 삶에는 초자연적인 차원이 있게 마련이다. 사도 바울이 고린도후서 5:7에서 말하듯이, "우리는 믿음으로 살아가지, 보는 것으로 살아가지 아니합니다."

성령님을 통해서 우리에게 말씀하시는 하나님의 음성을 듣는 것은 정상일 뿐만 아니라 필수적이다. 바울은 이렇게 썼다. "그러나 하나님의 영이 여러분 안에 살아 계시면, 여러분은…성령 안에 있습니다. 누구든지 그리스도의 영이 없으면, 그리스도의 사람이 아닙니다"(롬 8:9). 그는 신자들을 향해 "성령을 힘입어서" 살고, "성령의 인도하심"을 따르며, "성령과 더불어 살라고" 말했다(갈 5장).

사람이 일단 예수 그리스도께 자기의 인생을 드리고 나면, 그의 삶은 예전과는 다르다. 그의 인생은 더 이상 눈에 보이거나 귀에 들리거나 감정으로 느끼거나 혹은 인간의 논리로 이해할 수 있는 것으로만 이루어지지 않는다. 믿음으로 행하는 것이 더해지는 것이다. 이 말은 성령님의 기적적인 사역에 마음을 여는 것을 말한다.

잘못된 접근 방법 두 가지

하지만 어떤 사람들은 아직도 하나님의 인도하심에 마음을 열기를 주저한다. 우리는 그렇게 하고 있다고 주장하는 사람들을 알고 있는데, 그들의 접근법이 왠지 불안하게 느껴져서 그럴 수도 있다. 그들은 스스로 일종의 두뇌 제거 수술을 받은 사람들로서, 아침에는 어떤 양말을 신을 것인지 저녁은 어느 식당에서 먹을 것인지까지 성령님이 전부 결정해 주시기를 기대한다. 그들은 매시간 하나님의 인도하심을 받고, 매일 환상을 보며, 매주 기적을 경험한다고 주장한다.

내가 이런 사람들을 염려하는 이유는, 그들은 너무 하늘에만 신경을 써서 땅에서는 별로 소용이 없는 사람들이기 때문이다. 그들이 하늘의 인도하심으로 돌리려 하는 것은 사실은 지극히 인간적인 무책임의 발로인 경우가 많다. 한번은 그렇게 하늘에만 신경을 쓰는 목사를 만난 적이 있다. 그는 내가 설교 한 편을 준비하기 위해 얼마나 많은 시간을 들이는지를 듣더니 상당히 충격을 받았다. 나는 설교 한 편을 위해 보통 10-20시간 동안 독서와 연구, 기도 그리고 세 편의 초안을 작성한다. 이 목사는 이렇게 소리쳤다. "왜 그렇게 고생을 하세요? 저는 기적을 기대하며 그냥 강단에 올라갑니다." 나는 그의 회중도 그의 설교를 기적이라고 생각하는지 물어 보고 싶은 걸 꾹 참았다.

내 말을 오해하지 않기 바란다. 내가 산을 옮기는 기도에 관한 장에서 설명했듯이, 나는 하나님이 강단에서 인생을 변화시키는 기적들을 일으키시는 것을 보았다—심지어는 내가 선 강단에서도! 하지만 고민도 안 하고 행동도 안 하면서, 그저 산꼭대기에서 뛰어내리면 하나님이 붙잡아 주시겠거니 생각하는 것은 잘못된 것이라고 생각한다.

반면에, 하나님의 음성을 듣는 것과 관련해서 이와는 반대의 극단을 취하는 사람들도 있다. 너무도 극명하게 성령님의 사역을 오역하고 남용하는 데 대한 반발로, 많은 그리스도인들은 반대 방향으로 치달아 반(反)초자연주의자들이 된다.

이런 현대의 이성주의자들에게는 성령님의 즉각적인 음성이 인간의 본성이나 관습적인 사고 유형에 역행하는 것으로 보인다. 눈에 보이는 대로 행동하고 스스로 배의 키를 운전하며 일방적인 결정을 하는 데 익숙해진 이런 사람들은, 성령님이 그들의 삶에서 초자연적인 사역을 시작하시도록 내어 드리는 데 인색하다. 그들은 모든 것이 좀 더 말끔하게 포장되어 있길 바란다. 성령님의 사역도 측량 가능하고 설명 가능하기를 바란다. 손에 잡히지 않고 불가사의한 성령님의 속성은 그들을 맥빠지게 한다.

그래서 성령님이 주신다고 느껴지는 인도하심을 감지하더라도, 그들은 그것을 거부한다. 그 인도하심을 분석하고 나서는 이렇게 결론을 내린다. "이건 논리적이지 않아. 그러니 이것에 관심을 두지 않겠어." 그들은 성령님의 안내, 꾸지람, 또는 위로에 의문을 제기한다.

또 어떤 사람들은 성령님께 복종하고 **싶어는 하는데**, 정말 성령님이 말씀하고 계시는 게 맞는지 확신을 못 한다. 그들에게 들리는 음성은 자기의 원함일까, 아니면 고요하고 세미한 하나님의 음성일까? 이런 사람들은 깊은 물 속까지 들어가고 싶지 않아서, 그만 물 자체를 피하고 마는 사람들이다.

이 모든 반응은 이해가 간다. 사실 나도 종종 그런 식으로 반응할 때가 있으니까. 하지만 초자연적인 인도하심을 무조건 거부하는 건 불행한 결과를 낳는다. 하나님의 인도하심을 차단해 버리는 사람들은 자신들의 종교적 체험이 지적이고 예측 가능하고 지루하며, 종종 과거 시제에 머물고 만다는 것을 깨닫게 된다.

성령님과 영원한 운명의 갈림길

어떤 인도하심이 정말 성령님에게서 온 것인지를 분별하는 여러

가지 방법에 대해서는 뒷 장에서 살펴볼 것이다. 그 부분은 성령님에 대한 열정주의자들, 그래서 이성주의적인 친구들 눈에 상식이 결여된 것으로 비치는 사람들에게는 특히 중요한 부분일 수 있다. 그러나 이번 장에서는 동전의 반대 면을 살펴보기로 하겠다.

당신의 삶 속에서 성령님의 인도하심에 관심을 가지는 것이 왜 중요한가?

첫째로, **당신이 하나님의 인도하심에 어떻게 반응하느냐에 따라 당신의 영원한 운명이 결정되기 때문이다**.

원숙한 신자 몇 명에게 어떻게 그리스도를 믿는 믿음에 이르게 되었는지를 물어 보면, 그들이 말하는 경험 속에서 비슷한 유형을 발견하게 될 것이다. 대부분의 사람들은 자신들의 삶에서 감화를 준 몇몇 그리스도인이 있었노라고 말할 것이다. 또 예수 그리스도에 관한 설교를 들었다고도 말할 것이다. 그러고 나서 거의 모든 경우, 그들은 내면에서 뭔가가 자신을 밀어붙여 그리스도의 품에 안기게 했다고 말할 것이다.

"예수 그리스도가 저를 위해 해주신 일에 대해 들으면서, 저는 뭔가 느낌이 있었지요. 좀더 배우고 싶다는 끌림, 그 길을 끝까지 걸어가서 끝에 뭐가 있는지 알고 싶다는 끌림이었지요. 마치 누가 저를 그리스도께로 이끌어 가는 느낌이었어요"라고 그들은 말할 것이다.

요한복음 6:44에서 예수님은 이렇게 말씀하셨다. "나를 보내신 아버지께서 이끌어 주지 아니하시면, 아무도 내게 올 수 없다." 누가 우리를 그리스도께로 이끌었는가? 바로 성령님이라는 인격 안에 계시는 하나님이, 진리를 찾는 자들을 십자가로 이끄시고 사랑하시고 끌어당기시고 재촉하시고 인도하신다.

당신이 그리스도인이라면, 아마 당신도 하나님이 당신을 그렇게 끌어당기셔서 제일 먼저 십자가로 이끄시고, 거기서 당신은 그리스도께서 당신의 죄의 값을 치르셨다는 것을 깨달았을 것이다. 그러고 나서 하나님은 당신을 회개와 용서와 새로운 삶으로 인도하셨던 것이 기억날 것이다. 그런데 정말로 놀라운 사실은, 당신이 그리스도인이 되고 난 이후에도 하나님은 계속 당신을 끌어당겨 주신다는 점이다!

성령님이 주시는 확신

성령님의 인도하심이 중요한 두 번째 이유는, **당신이 그리스도인임을 확신할 수 있는 것은 당신이 성령님의 인도하심을 어떻게 받아들이고 반응하느냐에 어느 정도 달려 있기 때문이다**.

언제 공항에 갈 기회가 있으면, 예약 확인을 마친 비행기표를 들고 있는 승객과 공석 대기중인 승객의 차이점을 관찰해 보라. 확인을 마친 비행기표를 들고 있는 사람은 신문을 읽거나 친구와 잡담을 하거나 아니면 잠을 잔다. 하지만 공석 대기 중인 승객은 매표구 주변을 맴돌면서 왔다갔다한다. 이 둘의 차이점은 확신이라는 요인 때문이다.

만일 당신이 15분 뒤면 거룩하신 하나님 앞의 심판대에 서서 당신의 영원한 운명을 알게 될 거라면, 당신은 어떤 반응을 보이겠는가? 초조하게 왔다갔다하는 건 아닌가? "하나님이 뭐라고 말씀하실지는 나도 모르겠는걸. '집에 잘 왔다, 아들아'라고 하실지 '내게서 떠나라. 내가 너를 알지 못한다'고 하실지 나도 모르겠어"라고 스스로에게 말하는 건 아닌가?

아니면 당신은 무릎을 꿇고 예수 그리스도를 경배할 것인가? “하나님이 문을 활짝 열어놓고 나를 초청하셨는데, 이렇게 기다리고 있을 수만은 없어”라고 스스로에게 말하면서? 여기서도 이 둘의 차이점은 바로 확신이라는 요인 때문이다.

이것이 인도하심과 무슨 관련이 있는가? 바울은 로마서 8:16에서 이렇게 말한다. “바로 그 때에 그 성령이 우리의 영과 함께, 우리가 하나님의 자녀임을 증언하십니다.” 다시 말해서, 성령님은 참 신자들의 영혼을 끌어당기시고 쿡쿡 찌르시고 그 영혼에 속삭이시고 감동을 주신다는 것이다. 따라서 바울은 사실상 이렇게 말하는 것이다. “기뻐하라! 너희가 그리스도를 신뢰해 왔고, 이제 너희는 하나님의 가족이 되었다. 안심해라! 고민은 끝났다. 너희들은 하늘로 가는 비행기를 탄 것이다.”

성령님은 온갖 종류의 인도하심을 다 활용해서 백 가지도 넘는 다양한 방법으로 신자들을 위로하시고 신자들과 대화하시면서, 그들이 하나님의 가족으로 받아들여졌음을 절대적으로 확신할 수 있도록 도우신다.

그게 바로 사는 길이다—죽음도 두려워하지 않고. 왜냐하면 당신이 무덤을 넘어서서 어디로 가게 될지를 성령님이 확신시켜 주시기 때문이다. 하나님은 자신의 가족들에게 그런 확신을 주마고 약속하신다. 만일 당신에게 그런 체험이 없다면, 만일 당신이 공항에서 왔다갔다하는 승객처럼 느껴진다면, 아마 당신은 아직 그리스도를 완전히 신뢰하지 않는지도 모른다. 아직도 당신 힘으로 하늘행 비행기표를 타려고 애쓰고 있을지도 모른다. 하지만 당신의 불안함이 당신의 최고의 친구가 될 수도 있다. 그 불안함 때문에 결국 당신이 그리스도의 품에 안겨 하나님의 사랑을 확신하게 된다면 말이다.

성령님과 그리스도인의 성장

성령님의 인도하심이 중요한 세 번째 이유는, **그리스도인으로서 당신의 성장은 성령님의 인도하심을 어떻게 받아들이고 반응하느냐에 달려 있기 때문이다**.

예수님은 요한복음 16:13에서 이렇게 약속하셨다. "그분 곧 진리의 영이 오시면, 그가 너희를 모든 진리 가운데로 인도하실 것이다." 성령님은 당신이 하나님의 말씀을 유념하며 읽을 때 당신에게 말씀하시고, 당신을 이끄시고 인도하실 것이다.

물론 신자 된 우리는 하나님의 모든 말씀에 순종해야 한다. 하지만 성경은 광범위한 책이어서 한꺼번에 꿀떡 삼킬 수 있는 책이 아니다. 따라서 하나님은 종종 그분의 진리를 한 입 크기로 나누어서 주신다. 내게도 그렇게 해주셨다.

내 나이 열여섯에 그리스도인이 되었을 때, 나는 성령님이 이렇게 말씀하신다는 것을 감지했다. "너는 교리를 좀 알아야겠구나. 하늘나라에 갈 수 있는 방법으로서의 은혜와 선행 간의 차이점, 믿음의 의미, 하나님의 정체, 예수 그리스도라는 분, 성령의 사역들에 관해서 말이다." 그래서 나는 공부했고 기도했고 친구와 이야기를 나누었으며, 교리에 관한 과목들을 듣기도 했다.

몇 년이 지나자 초점이 바뀌었다. 이제는 성품에 강조점을 두게 되었다. 내가 고개를 돌릴 때마다 성령님은 내게 이렇게 말씀하시는 것 같았다. "너는 민감함과 긍휼의 마음을 키워야겠구나." 나는 친절하고 온유하고 부드러운 마음의 소유자가 되기 힘든 사람이다. 내 성격은 본래 그런 쪽이 아니다. 그래서 나는 에베소서 4:32, "서로 친절히 대하며, 불쌍히 여기며, 하나님께서 그리스도 안에서 여러분을 용서하신 것과 같이, 서로 용서하십시오"와 같은 구절들을 읽고 연구하고 암송하였다.

그 후 결혼을 한 다음부터 성령님은 마치 비수로 내 영혼을 찌르듯이 이렇게 말씀하셨다. "너는 경건한 남편답게 살고 있지 않구나. 너는 네 아내를 '그리스도께서 교회를 사랑하셔서 교회를 위하여 자신을 내주심같이'(엡 5:25) 귀히 여기지 않는구나. 이제부터 네가 배워야 할 가장 중요한 일은, 아내를 진정으로 사랑하는 남편이 되는 것이다."

최근에는 성령님이 나를 강권하사 기도에 관해 연구하게 하셨다. 어떻게 하면 하나님과 가장 훌륭한 대화를 할 수 있는지, 하나님은 어떻게 우리에게 말씀하시는지에 관해서. 다음 달, 다음 해에는 또 다른 진리에 초점을 맞추도록 나를 인도하실지도 모르겠다.

당신이 성령님의 인도하심에 항상 민감하고, 그 인도하심에 잘 협조한다면, 성령님이 당신을 진리로 인도하시고 그리스도인으로 성장시킬 수 있도록 당신 자신을 성령님께 의탁할 수 있게 된다. 그렇다고 해서 성경의 다른 부분들은 전부 무시하면서 "글쎄, 이건 지금 당장 성령님이 내게 강조하시는 사항이 아닌걸"이라고 말할 수 있는 자격증이 생기는 건 아니다. 우리는 하나님의 말씀 전체를 귀담아 들어야 할 책임이 있다. 그럼에도 불구하고 성령님은 시기마다 다른 영역을 강조하시곤 한다.

성령님과 인도

당신이 성령님의 인도하심에 조율되어야 하는 네 번째 이유는, **당신이 하나님의 인도하심에 반응하는 태도가 당신의 인생 계획에 엄청난 영향을 끼치기 때문이다**.

당신은 하나님께 중요한 존재다. 하나님은 당신을 만드셨고, 당신이 무엇으로 만족할 수 있는지를 잘 아신다. 그분은 어떤 직업적 소명이 당신의 재능과 능력에 가장 잘 어울리는지를 아신다. 그분은 당신이 결혼을 해야 하는지 독신으로 살아야 하는지를 아시며, 만일 당신이 결혼을 한다면, 어떤 배우자가 당신에게 가장 잘 어울리는지도 아신다. 그분은 당신이 어떤 교회에서 활동하는 게 좋은지도 아신다. 그리고 그분은 당신에게 이렇게 말씀하신다. "나는 네 인생을 인도하고 싶다. 나는 어떤 길이 나를 영화롭게 하고 너에게도 생산적인 길인지를 알고 있으며, 너를 그 길로 이끌어 가고 싶다. 그 일을 나는 무엇보다도 인도하심을 통해서 할 것이니, 네 삶을 평온하게 가라앉히고 내 말에 귀를 기울이렴."

그렇다면 하나님이 우리에게 말씀하실 때, 어떻게 귀기울여 성령님의 음성을 들을 수 있는가? 이것이 바로 우리가 다음 장에서 살펴볼 중요한 주제다.

묵상과 토론을 위한 질문들

1. 하나님은 당신에게 말씀하시는가? 말씀하신다면 어떤 식으로 하시는가?

2. 기도란 우선적으로는 당신이 하나님께 말씀드리는 것이라고 생각하는가, 아니면 하나님이 당신에게 말씀하시는 것이라고 생각하는가? 왜 그렇게 생각하는지 설명해 보라.

3. 당신은 하나님의 음성을 듣는 태도가 지나친 극단으로 치우칠 수 있다고 생각하는가? 저자가 지적한 잘못된 접근 방법에는 어떤 것들이 있었는가? 그 외에도 위험하다고 생각되는 극단적인 태도에는 어떤 것들이 있는가?

4. 그리스도인의 성장과 하나님의 인도하심에 귀를 기울이는 것과는 어떤 상관 관계가 있는가?

13 하나님의 인도하심을 듣는 법

성령님의 인도하시는 음성을 듣는 일은 건강한 그리스도인의 삶에 절대적으로 중요하다. 성령님은 하나님이 주시는 구원을 받아들이라고 우리를 쿡쿡 찌르시고, 우리가 하나님의 영원한 가족이 되었음을 확신시켜 주시며, 우리를 성장하도록 격려하시고, 하나님이 우리를 위해 선택하신 길로 우리를 안내하신다. 하지만 성령님은 우리에게 다가오실 때 급하게 신호를 보내시는 적이 종종 있다.

하나님이 자신의 영을 통해 우리에게 말씀하실 때 그 음성을 들으려면, 우리는 어떤 부분에서 변화되어야 하겠는가?

고요함을 훈련하라

하나님의 음성을 듣는 데 정말로 관심이 있는 사람들은 그 값을 지불해야만 한다. 하나님 앞에서 스스로 잠잠히 있는 훈련을 해야만 하는 것이다. 쉬운 일은 아니지만 꼭 필요한 일이다. 시편 46:10은 말한다. "너희는 가만히 있어 내가 하나님 됨을 알지어다"(개역 성경).

예수님은 엄청나게 분주한 삶을 사셨음에도 불구하고 하나님 앞에서 잠잠히 있는 훈련을 쌓으셨다. 예수님이 가시는 곳마다 무리들이 따랐다. 매일매일 말씀을 전하시고 가르치시고 치유하셨다. 예수님은 혼자 기도할 시간을 갖기도 힘들어서, 그렇게 하려면 동이 트기 훨씬 전에 일어나셔야만 했다. "아주 이른 새벽에, 예수께서 일어나서 외딴 곳으로 나가셔서, 거기에서 기도하고 계셨다"(막 1:35).

예수님께는 고요히 혼자 있는 시간들이 무척 중요했다. 그렇게 한적하게 물러나 있는 시간에, 예수님은 하나님 아버지께 마음을 쏟아 놓았을 뿐만 아니라 하나님의 음성을 열심히 듣기도 하셨다. 예수님은 아버지의 위로와 방향 지시와 지지와 확신이 필요했다. 예수님은 아버지로부터 끊임없는 인도하심을 받았기 때문에, 그분의 발걸음에는 목적이 있었다. 예수님 주변에 있던 사람들은 그분의 확신과 단호함을 보았고, "예수께서…권위 있게 가르치셨기" 때문에 놀라워했다(막 1:22).

여호와의 음성을 듣는 시간을 가지는 사람으로 성경에 언급된 경우가 예수님 단 한 분이라면, 우리가 따라야 할 확실한 본보기는 하나밖에 없을 것이다. 하지만 예수님만 그러신 게 아니다. 시편을 여러 편 지은 다윗 왕은 "여호와께로 나아가 그 앞에 앉았다." 선지자 이사야는 하나님께로부터 엄청나게 어려운 사명을 받기 전에 하나님의 성전에서 하나님의 음성을 들었다(사 6장). 사도 베드로는 점심 시간에 "기도하려고 지붕으로 올라갔다." 그리고 거기서 하나님은 그에게 말씀하셨다(행 10:9-20). 성경은 시간을 내어서 하나님이 자신들에게 들려주셔야 할 말씀을 들었던 사람들의 이야기로 가득하다.

고요한 침묵 속에서 오는 능력

우리가 고요한 가운데 하나님께로 나아갈 때, 초점을 하나님께 맞추고 중심을 모아 하나님 앞에 잠잠히 있는 법을 배울 때, 그 때에 하나님의 능력이 우리에게 주어진다. 우리가 하나님 앞에서 잠잠히 있는 훈련을 할 때, 하나님의 인도하심이 방해받지 않고 명쾌하게 우리에게 임하게 된다.

내가 매일 아침 30분에서 1시간 동안 한적한 장소에서 주님과의 시간을 갖기로 헌신한 것도 이런 이유에서다. 나는 하나님한테 공로 훈장을 받으려고 이렇게 하는 게 아니다. 내가 이렇게 하는 이유는, 되돌아보지 않는 인생을 스스로 인도하는 것이 지긋지긋하기 때문이다.

나도 바쁘게 돌아가는 와중에 기도하고 하나님의 인도하심을 받아보려고 노력했었다. 하지만 내 삶의 속도가 하나님의 인도하심을 분석할 수 있는 여지를 전부 앗아가 버린다는 것이 분명해졌다. 계속 활동만 할 뿐, 내가 한 일을 거의 반추해 보지 못하는 삶에 나는 지쳐 버렸다. 하루가 끝나고 나면 내가 한 일들이 과연 무슨 의미가 있나 의구심이 들곤 했다.

그래서 나는 하나님 앞에서 고요함을 유지하는 내 나름대로의 훈련 방법을 개발하게 되었다. 이것은 내가 정말로 충실히 지키는 유일한 영적 훈련인데, 나는 이 훈련을 그만둘 생각이 전혀 없다. 이것을 통해 내 인생이 훨씬 더 부요해졌기 때문이다.

내가 전날 있었던 일들을 반추하고 기도문을 적노라면, 내 마음은 고요하고 수용적인 자세가 된다. 그 간에 나는 종이 한 장에다가 **listen**(듣기)을 의미하는 L을 쓰고, 동그라미를 친다. 그러고 나서 조용히 앉아 단순하게 이렇게 말한다. "주님, 이제 당신의 성령님을 통해 제게 말씀해 주소서. 제가 당신을 초청합니다."

그 뒤에 이어지는 하나님과의 시간은 정말로 소중한 순간들이다. 이런 시간이야말로 온전한 기독교 신앙이 흘러나오는 순간이다. 바쁜 와중에서 기도할 때도 아니고, CCM 연주회나 세미나에서도 아니고, 여기저기 비행기를 타고 날아다닐 때도 아니다. 아무리 사역과 연관된 것이라 할지라도 말이다.

꾸준한 활동을 통해서 온전한 그리스도인이 될 수 있는 사람은 아무도 없다. 능력은 고요함 속에서 온다. 능력은 혼자만의 고요한 시간을 통해서 온다. 당신 인생의 전 궤도를 바꾸는 결정들은 지성소에서, 하나님 앞에서 보내는 고요한 시간에서 나온다.

나는 마음을 고요히 정돈하고 하나님이 말씀하시는 것을 들을 준비를 하는 내 나름대로의 방식이 맘에 든다. 나한테는 효과가 매우 뛰어나다. 하지만 내 방법이 모든 사람에게 효과적이라고는 생각하지 않는다. 어떤 사람은 일기 쓰기나 기도문 쓰기는 고사하고 글 쓰는 것 자체를 좋아하지 않는다. 그런 사람들은 하나님께 조용히 말씀드리는 것을 더 좋아할 수도 있다. 어떤 사람들은 글로 쓰거나 말로 하지 않고 그냥 묵상하는 걸 잘 하는 사람들도 있다. 어떤 사람들은 "환호성을 올리면서 그 앞으로 나아"가기도 할 것이다(시 100:2).

중요한 것은 특정 방법을 따르는 것이 아니라, 당신에게 잘 맞는 방법을 찾아내는 것이다. 당신의 분주한 생각과 육체를 잠잠하게 해주고 마음을 부드럽게 해주어, 당신이 하나님의 고요하고 세미한 음성을 들을 수 있게 해주는 방법을 자신에게 맞게 고안하라. 그리하여 하나님께만 집중하고 초점을 맞추게 되면, 하나님이 당신에게 말씀하시도록 그분을 초청하라.

하나님께 여쭐 질문들

나는 몇 가지 질문을 하나님께 규칙적으로 여쭈어 본다.

저의 성품을 계발하는 것에서 다음 단계는 무엇입니까? 이 질문을 하면 나는 거의 언제나 하나님의 말씀을 듣는다. 왜냐하면 하나님이 내 삶에서 깎아내고 싶어하시는 모난 부분은 항상 있기 때문이다.

저희 가족들에 대해서—아내 린과 아이들에 대해서—다음에 취할 단계는 무엇입니까? 나는 이 영역에서도 하나님께로부터 상당히 많은 방향 지시를 받는다. 아내는 믿기 어려울 정도로 나를 지지해 주는 사람인데, 하나님은 이렇게 말씀하신다. "너도 그만큼 되갚아야 하지 않겠니? 네 아내가 너를 섬겨 준 것처럼 너도 그렇게 열정적으로 그녀를 섬겨 주어라."

제 사역의 다음 단계는 무엇입니까? 사역자들이 하나님의 음성을 듣지 않고 어떻게 버텨내는지 나는 도저히 이해할 수가 없다. 내 설교와 교회의 프로그램 그리고 새로운 방향들에 대한 창의적인 아이디어들은 대부분 내가 하나님과 대화하는 아침 시간에 얻은 것들이다.

당신이 처한 상황에 따라서 당신은 다음과 같이 여쭈어 볼 수 있을 것이다.

- "제 직업적 소명에서 다음 단계는 무엇입니까?"
- "제가 교제하고 있는 이 관계는 어떤 방향으로 나아가야 합니까?"
- "우리 아이들을 위해서 제가 무엇을 해야 하겠습니까?"
- "어떻게 하면 제가 교육을 더 받을 수 있을까요?"
- "구제 생활을 어떻게 계획하면 좋을까요?"

당신이 주님께 무엇을 여쭤 보든지, 주님이 당신을 인도하시는 방식에 당신은 경이로움을 느낄 것이다. 일단 고요하고 온유한 마음으로 주님이 말씀해 주시기를 기다리고 있노라면, 주님은 당신에게 성경 구절이 생각나게 하시거나 아니면 당신의 생각과 느낌을 통해 인도하실 것이다. 당신이 삶 속에서 고요함을 유지하는 훈련을 쌓아 감에 따라, 하나님의 임재 안에서 누리는 이 고요한 순간이야말로 더할 나위 없이 소중한 시간이 되어 간다는 걸 느끼게 될 것이다.

하나님의 응답

당신이 이번 장을 다 읽자마자 이 책을 내려 놓고 영혼을 고요히 가라앉히고 하나님 앞에 나아간다고 상상해 보자. 하나님께 온전히 집중될 때까지 기다렸다가, 이렇게 말한다고 하자. "여호와여 말씀하옵소서 주의 종이 듣겠나이다"(삼상 3:9)라고. 그러면 고요한 침묵 속에서 하나님은 과연 당신에게 무어라고 말씀하실 것 같은가?

구도자들에게는 하나님이 이렇게 말씀하실 수도 있다. "네가 기독교 서적을 읽고 그리스도인 모임에 나가는 건 그 정도면 충분하다. 이제는 네가 그리스도인이 되어야 할 시점이란다. 내게로 오너라. 네 죄를 회개하고 나와 함께 믿음에 기반을 둔 관계를 맺어 보자꾸나."

그런 헌신을 이미 한 사람이라면 하나님은 이렇게 말씀하실지도 모른다. "내게로 돌아오너라. 너는 이리저리 비틀거리며 온갖 실수를 저질렀다. 아주 길고도 메마른 여름날들이었지. 자, 이제 다시 친해지자꾸나! 우리 다시 교제를 가지자!"

시험을 당하고 있는 사람들에게는 위로의 말씀을 주실 수도 있다. "내가 바로 여기 있단다. 나는 네 이름을 알고 네 고통을 안단다. 이제 내가 너에게 힘을 줄 것이니, 나를 신뢰하거라."

어려움 속에서 신실했던 사람들에게는 이렇게 말씀하실 것이다. "너로 인해 내가 아주 기쁘구나! 그렇게 힘든 인생 속에서도 신실했으니 정말 내 마음이 기쁘단다. 계속 그렇게 하렴!"

그리고 또 어떤 사람들에게는 이런 말씀이 올 수도 있다. "내 인도를 따르고 위험을 감수하거라. 이 새로운 방향을 시도해 보렴. 이 새로운 도전에 맞서 보렴. 나와 함께 새로운 지평으로 가자꾸나."

다가오는 말씀들은 각 사람의 개인적인 필요에 알맞게 오겠지만, 그 중심 진리는 분명하다. 우리는, 역사 속에서 말씀하셨고 오늘도 말씀하시며 우리에게 말씀하고 싶어하시는 그런 하나님을 섬긴다는 사실 말이다.

하나님이 침묵하실 때

하지만 아무 말씀도 오지 않을 때는 어떻게 할 것인가?

때로 나는 하나님이 말씀하시기를 조용히 기다리고 있는데, 하늘에서 철저히 침묵하고 계시다는 것을 감지할 때가 있다. 마치 집에 아무도 없는 것처럼. 그런 때는 나 자신이 너무 바보 같다는 느낌이 든다. 내가 잘못 여쭤 본 것일까? 응답을 기대한 게 어리석었던 걸까? 하나님이 정말 듣고 계시긴 한 건가?

그 점에 대해 여러 생각을 한 끝에, 나는 하나님이 때때로 침묵하기로 작정하셨다 해도 전혀 당황할 필요가 없다는 결론을 내렸다. 하나님은 살아 계신 존재시지 자동 응답기가 아니며, 따라서 하실 말씀이 있을 때만 말씀하신다.

때때로 나는 아내에게 이렇게 묻곤 한다. "우리가 마주 앉아서 함께 이야기를 나눴어야 하는데 그러지 못했으니, 지금 뭐 내게 하고 싶은 말 없소?" 이런 질문은 아내가 내게 하고 싶은 말을 할 수 있는 기회는 주지만, 그렇다고 그녀를 억지로 말하도록 밀어붙이지는 않는다. 그러면 때로 아내는 "특별히 할 말이 없네요"라고 말한다. 그러면 어떤가. 하지만 대개 아내는 내게 할 말이 있을 때가 많다. 내가 하나님의 말씀을 들으려고 하나님을 초청하면, 하나님도 그와 비슷하시다.

하나님의 음성에 길들여지기

나는 하나님이 오늘날에도 당신의 백성들에게 말씀하신다는 것을 알고 있으며, 그럼에도 불구하고 우리가 그분의 음성을 좀더 자주 듣지 못하는 이유는 두 가지가 있다고 확신한다. 가장 분명한 이유는, 우리가 귀를 기울이지 않기 때문이다. 우리는 상호 대화를 가능케 하는 고요한 시간을 일정에 포함시키지 않는다.

당신 자신에게 솔직해 보라. 텔레비전과 라디오와 CD 플레이어를 끄고 냉장고 돌아가는 소리 이상 큰 소리를 들어 보지 못한 적이 언제인가? 당신이 마음의 소리들을 모두 끄고, 숫자들, 기계들, 말들, 계획들, 혹은 당신이 깨어 있는 동안 당신의 생각을 사로잡고 있는 모든 것에서 떠나 본 적이 언제인가? 당신이 스스로 잠잠하여 하나님 앞에 나아오는 때는 언제인가? 하나님이 당신에게 말씀하시도록 정식으로 그분을 초대하는 때는 언제인가?

당신은 혼자만의 고요한 시간을 일정 속에 반드시 포함시키는가? 그렇게 해 보라! 모든 훈련이 그렇듯이 이것도 처음에는 어색하게 느껴질 테지만, 서서히 자연스러워질 것이다. 나중에는 매일 혼자만의 고요한 시간을 갖지 않으면 오히려 마음의 평정을 잃을 것이다.

하나님의 음성을 듣는 시간을 확보하는 것과 더불어, 매일 하나님의 채널에 당신의 귀를 고정시키고 있는가? 내 친구들 중에는 회사 차에 AM-FM 라디오, CD 플레이어, 전화 그리고 이동 통신 장비를 갖추어 놓은 친구가 있다. 그 통신 장비는 차 안에서 아주 낮은 데시벨(decibel)로 감지할 수 있게 되어 있다. 우리 둘은 종종 함께 그 차에서 얘기하고 음악도 들으면서 다니는데, 때로는 그 친구가 갑자기 손을 아래로 뻗어 마이크를 들고는 "저예요. 무슨 일입니까?"라고 말하곤 한다.

차 속에서 나는 다른 소음들 때문에 그 이동 통신 장비의 신호음을 전혀 듣지 못한다. 하지만 그 친구의 귀는 그 소리에 길들여져 있는 것이다. 그는 대화를 하고 음악을 듣는 와중에도 그 장비를 통해 전화가 걸려올 수 있다는 점을 항상 인식하고 있다.

성령님의 작고 세미한 음성에 대해서도 이와 비슷한 민감함을 계발하는 것이 가능하다. 하루 종일, 심지어는 일상적인 일을 하는 가운데서도 하나님의 온유한 음성을 의식하는 것이 가능하다. 그것이 바로 "성령께서 인도하여 주시는 대로" 살아간다는 의미다(갈 5:16).

매순간

이렇게 즉석에서 들려오는 음성이 서두르지 않고 조용히 하나님과 함께하는 시간을 대체하는 건 아니다. 사실 그런 음성은 내가 규칙적으로 고요히 홀로 있는 시간을 가질 때에만 오는 경향이 있다. 하지만 그런 음성이 들려올 때, 그건 정말 놀라운 일이다.

당신이 물건을 사겠다는 고객의 전화를 받고 그 집으로 운전해 가는 길에, 어디에서인지 알 순 없지만 하나님이 성령님을 통해 이렇게 말씀하시는 느낌이 든다. "네가 나의 자녀라는 것이 너도 기쁘지? 하늘에 네 본향이 있다는 게 기쁘지 않니? 바로 지금 내가 너와 함께한다는 것이 기쁘지 않니? 나의 임재 안에 있으니 안전하고 든든하지?" 이런 대화를 하노라면, 이 세상은 간 곳 없고, 당신의 자동차는 지성소가 되어 거기서 하나님과 단 둘이 서로를 누리게 된다. 그런 순간도 없는 인생을 사람들은 어떻게 살아가는지 모르겠다.

듣고 순종하라

우리가 하나님의 음성을 듣지 못하는 또 다른 이유는 우리가 그에 맞추어서 계획을 세우지 않기 때문이다. 하나님이 말씀하시면 우리는 듣고 고개를 끄덕이며 이렇게 말한다. "정말 재미있는걸!" 하지만 우리가 성령님의 인도하심을 진정으로 따르지 않으면, 성령님도 계속해서 우리에게 말씀해 주실 이유가 없다. 다음 장에서는 하나님의 목소리를 분별하고 그에 순종하는 부분에 대해 다룰 것이다.

성령님이 말씀하시도록 기회를 드리는 사람들은 그리스도인의 삶이 모험의 연속이라는 사실을 잘 알고 있다. 그리스도인의 삶은 깜짝 놀랄 일들, 스릴과 도전 그리고 신비로 가득하다. 당신이 하나님의 인도하심에 지성과 마음을 연다면, 하나님이 하시는 일들을 보고 놀라게 될 것이다. 하나님은 당신이 생각하는 것보다 훨씬 더 자주 당신과의 대화를 시도하신다. 당신이 고요한 시간을 마련해서 하나님의 인도하심을 알고 순종하기로 결단하기만 하면, 당신의 삶이 얼마나 더 풍요롭고 충만하며, 얼마나 더 신나고 성공적이 될지 당신은 채 알지 못할 것이다.

묵상과 토론을 위한 질문들

1. 우리가 하나님의 음성을 듣지 못하게 방해하는 요인들은 무엇인가?

2. 당신의 기도 시간 중에서 하나님이 당신에게 말씀하시도록 내어 드리는 시간은 얼마나 되는가?

3. 하나님이 당신에게 말씀하실 기회를 좀더 드리기 위해서, 현재의 기도 생활을 개선할 수 있는 방법에는 무엇이 있겠는가?

4. 당신이 하나님의 음성을 구하고 있는데 아무런 반응이 없을 때, 당신은 그것을 어떻게 받아들이는가?

인도하심에 순종하기 14

나는 몇 년 전, 유난히 진이 빠지는 모임을 마친 후에 차에 올라타고 교회 주차장을 나가는 길 쪽으로 달리고 있었다. 그런데 길을 따라 내려가다가, 곁눈으로 누군가가 주차장 쪽으로 걸어가고 있는 것을 보았다. 1초도 안 되는 그 순간에 나는 하나님의 인도하심으로 여겨지는 감을 얻었다. 내가 방금 지나쳐 온 그 사람에게 가서 뭔가 도움을 주라는 인도하심이었다.

내 첫 반응은 '왜요?'라는 질문이었다. 그 사람은 어려움에 처해 있는 것 같지 않았다. 내 두 번째 반응은 '왜 하필 접니까?'였다. 나는 그날 해야 할 일을 이미 다 하지 않았던가. 연구하고 설교 준비하고 사람들과 상담하고 모임을 인도했으니 말이다. 이젠 집에 가고 싶었다.

그래서 나는 하나님이 보내신 그 작은 인도하심에 순종할 수 없는 이유를 합리화하면서 계속 차를 몰았다. 하지만 성령님이 계속 강권하셨다. 입구 표지판까지 왔을 때 나는 영적으로 너무 초조해서 이렇게 말할 수밖에 없었다. "더 이상 참을 수가 없군. 피곤하기도 하고 왜 이 일을 해야 하는지 알 수도 없지만, 그냥 차를 돌려서 순종하는 것보다 불순종하는 게 오히려 더 스트레스 받는걸."

그래서 나는 입구로 가는 도로 쪽으로 차를 돌려서 그 사람 옆쪽에 주차를 했다. 그 사람은 여전히 남쪽으로 가고 있었는데, 나는 차 유리 창문을 내리고 어색해하며 말했다. "혹시 제가 도와 드릴 일이 있나요? 제 차로 차 있는 곳까지 모셔다 드릴까요?" (우리 교회 주차장은 넓은 편이어서, 사람들은 종종 어디에 주차를 했는지 잊어버리곤 했다.)

그 여자분은 내가 전에 한 번도 본 적이 없는 사람이었는데, 기쁘게 내 제안을 수락했다. 그녀는 고맙다는 말과 함께 차에서 내리면서 이렇게 말했다. "오늘 저녁 게시판에 보니 교회 사무실에서 행정 업무를 담당할 사람이 필요하다고 고지가 나왔던데, 하나님이 저에게 그 자리에 지원해 보라고 인도하시는 것 같은 느낌이 들어요. 어떻게 생각하세요?"

우리는 그 문제를 짧게 의논한 다음, 각자 자기 차를 타고 헤어졌다. 내 도움을 별로 필요로 하지도 않는 것 같은 사람에게 도움을 주는 것이 어떻게 내 삶과 사역에 영향을 미칠지에 대해서, 그 날 밤만 해도 난 전혀 몰랐다. 결국 그녀는 우리 사역진에 합류하였고, 거의 10년 동안을 신실하게 섬겼다. 내가 그 인도하심에 순종하지 않았더라면 어떻게 되었을까.

개인적으로 들려주시는 즉각적인 음성

한번은 남캘리포니아 지역에서 열린 컨퍼런스에 참석한 적이 있었다. 그러던 어느 오후, 이유는 알 수 없지만 왠지 별로 관심도 없는 한 워크샵에 참석해야만 할 것 같은 느낌이 들었다. 그 워크샵은 다른 건물에서 있었고, 나는 그 쪽으로 걸어가다가 한 젊은 남자를 만나서 함께 이야기를 나누게 되었다.

우리가 함께 이야기하는 동안, 나는 그의 온유한 영혼에 깊은 감명을 받았고 하나님이 우리 둘의 마음을 하나로 엮고 계시다는 것을 깨달았다. 그 후 몇 개월 동안 우리는 서로 편지도 주고받고 방문도 하였다. 결국 그는 우리 교회의 사역진에 합류하였고, 전국에서 가장 성공적인 청소년 사역 중 하나를 세웠다.

하나님이 우리에게, 이 사람에게 편지를 써라, 저 사람과 만날 약속을 해라, 돈 얼마를 내라, 이 일을 시작해라, 저 일을 그만두어라, 어떤 물질을 나누어 써라는 등의 말씀을 하실 때, 우리는 그 말씀을 굳이 이해하려고 들 필요가 없다. 내 인생에서 아주 중요했던 결정들 대부분은 세상적인 시각에서 보면 전혀 납득이 안 되는 것들이었다. 하지만 나는 하나님의 인도하심에 순종하지 않을 도리가 없다는 것을 깨닫게 되었다.

어느 날 아침, 우리 교회의 어르신 한 분이 내게 전화를 걸어 이렇게 말씀하셨다. "목사님께 전화를 드리라는 인도하심이 있었습니다. 어려움이나 뭐 특별한 일이 있으신가요?"

"제가 알기로는 없는데요." 내가 말했다.

"알겠습니다." 그분이 말씀하셨다. "전 그저 주님께 순종하는 겁니다. 목사님께 전화를 걸어서 격려해 드리고 싶었습니다."

비록 우리 두 사람 다 그 이유는 몰랐지만, 어쨌든 그 여권사님이 전화를 걸어 주셔서 나는 기뻤다. 나는 누가 나를 격려해 줄 때 절대 거절하지 않는다. 그리고 그 권사님이 성령님께 순종하신 것이 기뻤다. 하나님이 우리에게 무언가를 하라고 말씀하실 때, 그것이 성경의 테두리 안에 있는 한 반드시 이해되어야만 하는 건 아니다. 하나님이 우리의 순종을 사용하셔서 그분의 뜻을 이루시도록 하나님께 순종하고 의지하는 게 우리가 할 일의 전부다.

인도하심은 상당히 사적인 현상이다. 당신이나 나나 인도하심을 받긴 하지만, 서로 나누지 않는 한 우리가 그 인도하심에 어떻게 반응하는지는 아무도 모른다. 나는 주차장에 있던 그 자매님을 도우라는 인도하심에 불순종할 수도 있었고, 그래도 아무도 그 사실을 몰랐을 것이다. 별로 관심도 없는 워크샵에 참석해야만 할 것 같았던 그 느낌을 무시해 버릴 수도 있었고, 그래도 아무도 그 사실을 뉴스거리로 만들지는 않았을 것이다.

사실 내가 그런 인도하심들에 관심을 기울이지 않았더라면, 나는 내가 무엇을 놓쳤는지조차 전혀 몰랐을 것이다. 그 주차장에 있던 사람이 바로 우리 사역진이 필요로 하던 유능한 행정 사무원이라는 것을, 또 워크샵에 가던 길에서 우리 교회 청소년부를 담당할 최고의 목회자와 조우하게 될 줄을 누가 알았겠는가?

나는 하나님이 나와 다른 사람들에게 위임하신 인도하심에 관한 이야기들을 끝도 없이 해줄 수 있다. 나는 하나님의 인도하심에 순종했을 때—혹은 무시했을 때—나타나는 극적인 결과들을 설명해 줄 수도 있다. 하지만 이 이야기는 논의의 핵심이 아닐 수도 있다. 진짜 중요한 질문은 이것이다. '당신은 **자신이** 받은 인도하심에 대해서 어떻게 행동할 것인가?'

인도하심 구별하기

내가 이런 질문을 제기하면 사람들은 때때로 나에게 다음과 같은 질문으로 응수한다. "저도 하나님의 인도하심을 믿어요. 순종하고도 싶고요. 사실 종종 순종하기도 하죠. 하지만 이 세상에는 다른 영들도 퍼져 있다고 알고 있거든요, 전혀 거룩하지 않은 영들 말이죠. 그리고 저라는 사람은 제가 간절히 원하는 것을 마치 성령님이 그렇게 말씀하신 것처럼 얼마든지 잘못 생각할 수 있다는 것도 알지요. 그렇다면 인도하심이 올 때 그것이 하나님께로서 왔다는 것을 어떻게 확신할 수 있을까요?"

타당한 질문이다. 사단은 악한 영으로서, 당신을 파괴할 목적으로 자기 식의 인도하심을 당신에게 보낼 수도 있으며, 당신의 삶 속에서 하나님의 인도하심을 훼손할 수도 있다고 성경도 경고하고 있다.

바울은 디모데에게 이렇게 썼다. "성령께서 환히 말씀하십니다. 마지막 때에, 어떤 사람들은 믿음에서 떠나, 속이는 영과 악마의 교훈을 따를 것입니다"(딤전 4:1).

이 속이는 영들은 마치 하나님의 능력의 통로인 것처럼 나타날 수도 있다. 성경은 "그들은 귀신의 영으로서, 기이한 일을 행하면서"라고 지적하였고(계 16:14), 예수님도 "거짓 그리스도들과 거짓 예언자들이 일어나서, 큰 표징과 기적을 일으키면서, 할 수만 있으면, 선택받은 사람들까지도 홀릴 것이다"라고 예언하셨다(마 24:24).

악한 영들은 하나님의 일을 감당하는 영인 천사들과 그렇게 쉽게 구별되지가 않는다. 바울이 지적한 대로, "사탄도 빛의 천사로 가장합니다"(고후 11:14). 그러므로 당신의 마음에 와닿는 인도하심이 어디서 온 것인지를 아는 것은 매우 중요하다.

아담과 하와는 눈에 혹하는 과일을 따먹음으로써 자신의 지식을 더하라는 인도하심을 따랐고, 그리하여 인류를 암흑과 고통 속에 던져넣어 버렸다(창 3장). 다윗 왕은 군대 장관의 아름다운 아내와 사귀라는 인도하심을 따랐고, 그 결과 가장 훌륭한 장군 한 명과 자기 아들을 잃었다(삼하 11-12장).

북아일랜드에서 신교도들과 구교도들 사이에 존재하는 살인적인 적대감은 누구의 책임이며, 예루살렘에서 유대인과 아랍인들 간의, 페르시아 만에서 이라크인들과 이란인들 간의, 보스니아에서 세르비아인들과 크로아티아인들과 무슬림 간의 살인적인 적대감은 도대체 누구 책임이란 말인가? 리 하비 오스왈드가 케네디 대통령에게 총을 겨누도록 사주한 자는 누구이며, 이디 아민(Idi Amin)이 우간다에서 동족을 엄청나게 몰살하도록 사주한 자는 누구이며, 미군 일개 소대가 미 라이(My Lai) 족의 여성과 아이들을 학살하도록 사주한 자는 누구인가? 누가 KKK단을 사주해서 단지 피부색이 자기들보다 좀더 검다는 이유만으로 이웃에게 돌과 병을 던지게 하였는가?

누가 나로 하여금 상대에게 상처 주는 말을 하게 하고, 교만하게 하며 진리를 윤색하도록 사주하는가? 다른 사람들을 섬기는 것보다 자신의 발전과 성취에 더 마음을 쓰라고 속삭이는 자는 누구인가?

하늘에서 벌어지는 전쟁

에베소서 6:10 18에서 바울은 지금 이 우주에서 전쟁이 진행되고 있다는 사실을 일깨워 준다. "악마의 간계에 맞설 수 있도록, 하나님이 주시는 온몸을 덮는 갑옷을 입으십시오. 우리의 싸움은 인간을 적대자로 상대하는 것이 아니라, 통치자들과 권세자들과 이 어두운 세계의 지배자들과 하늘에 있는 악한 영들을 상대로 하는 것입니다"(11-12절).

이 전쟁은 우리 마음속에 있는 영적 전쟁터에서도 늘 벌어지고 있다. 하나님이 자기 백성들을 하나님의 영광과 그들의 유익을 위해 인도하시는 동안, 사단도 하나님의 사역을 훼손하고 사람들의 인생 속에서 일하시는 하나님의 활동을 훼방하기 위해 자기 능력 내에서 갖은 수를 다 쓴다. 이런 영적 전쟁 때문에 우리의 머리 속에 들어온 생각들 중에 어떤 것들은 하늘이 아니라 지옥에서 제조된 것일 수도 있다.

악마적인 인도에 반응하는 방법은 도망치거나 맞싸우는 딱 두 가지다. 바울은 젊은 디모데에게 "그대는 젊음의 정욕을 피하고"라고 썼다(딤후 2:22). 야고보는 "악마를 물리치십시오. 그리하면 악마는 달아날 것입니다"라고 썼다(약 4:7).

하지만 특정한 인도하심의 출처를 어떻게 알 수 있겠는가?

요한일서 4:1은 이렇게 말한다. "사랑하는 여러분, 어느 영이든지 다 믿지 말고, 그 영들이 하나님에게서 났는가를 시험하여 보십시오.

거짓 예언자가 세상에 많이 나타났기 때문입니다." 이제 나는 당신이 받은 인도하심을 시험해 볼 수 있는 세 가지 기준을 제안하고자 한다.

성경 말씀과의 일관성

첫째로, **하나님에게서 오는 인도하심은 모두 그분의 말씀인 성경과 일관성이 있다**.

인도하심이 어디서 온 것인지 시험해 보는 가장 확실한 방법은 그것을 성경에 비추어 보는 것이다. 우리 교회에서 사람들과 만나다 보면, 거의 매달 누군가는 내게 말하기를 자기 아내에게 불성실하게 행동하라는 쪽으로 인도하심을 받고 있다고 한다. 그 사람은 현재 자신이, 하나님이 선택하신 여성에게 인도받고 있다고 생각하면서, 자신이 한 결혼은 후회막심한 실수였노라고, 심지어는 죄악이었노라고 말한다. 그의 말로는, 자신이 하나님의 뜻을 행할 수 있는 유일한 길은, 자기의 죄를 회개하고, 애초에 결혼했어야 마땅한 그 여성과 이제라도 인생을 합치는 것이란다.

그런 합리화는 종종 아주 정교하지만, 결국 마지노선은 늘 똑같다. 사람들은 현재 배우자보다 더 매력적으로 보이는 사람과 결혼하기 위해서, 신성한 결혼을 통해 연합된 지금의 배우자와 이혼하고 싶어하는 것이다. 이것은 하나님이 주신 인도하심이 아니다. 나는 조금도 주저하지 않고 그렇게 말할 수 있다. 하나님이 무어라고 말씀하셨는지 들어보자.

네 샘이 복된 줄 알고, 네가 젊어서 맞은 아내와 더불어 즐거워하여라.…그의 사랑을 언제나 사모하여라. 내 아들아, 어찌하여 음행하는 여자를 사모하며…(잠 5:18-20).

주님께서 너희 제물을 외면하시며 그것을 기꺼이 받지 않으신다고, 너희가 눈물과 울음과 탄식으로 주님의 제단을 적셨다. 그러면서 너희는 오히려, '무슨 까닭으로 이러십니까?' 하고 묻는다. 그 까닭은, 네가 젊은 날에 만나서 결혼한 너의 아내를 배신하였기 때문이며, 주님께서 이 일에 증인이시기 때문이다. 그 여자는 너의 동반자이며, 네가 성실하게 살겠다고 언약을 맺고 맞아들인 아내인데도, 네가 아내를 배신하였다.… '나는 이혼하는 것을 미워한다.' 주 이스라엘의 하나님이 말한다(말 2:13-14, 16).

배우자에게 불성실하라는 인도하심은 절대로 하나님으로부터 온 인도하심이 아니다. 시험 시간에 부정 행위를 하라거나, 고객에게 상품을 과장하여 선전하라거나, 당사자에게 상처가 될 험담을 퍼뜨리라거나, 부모나 자녀를 속이라거나, 기타 성경에서 금하는 행위들을 부추기는 인도하심들도 절대로 하나님한테서 온 것이 아니다.

인도하심이 성경에 위배된다면, 그건 불경건한 영에게서 온 것이 분명하다. 그런 건 사단의 것이라고 단정 짓고 재빨리 쫓아버리라. 비성경적인 인도하심을 기독교적으로 다루는 방법은 이 방법밖에 없다.

하나님이 주신 은사와의 일관성

한편, 인도하심이 하나님의 말씀과 일관됨에도 불구하고, 성령님에게서 온 것이 아닐 수도 있다. 예를 들면, 마귀는 예수님을 부추겨서 돌을 떡덩이로 만들어 보라고 했는데, 예수님더러 그렇게 하지 말라고 말한 구절은 성경 어디에도 없다. 예수님이 사단의 말을 거절한 이유는 다른 데 있었다.

인도하심이 성경에 위배되지 않는다면, 이제 두 번째 기준에 비추어 보아야 할 때다. **하나님의 인도하심은 대체로 하나님이 만드신 그 사람의 됨됨이와 일관성이 있다**는 것이다.

어떤 사람들은, 하나님이 한 사람을 창조하실 때 이러이러한 은사들을 주시고서는, 나중엔 그 사람이 그 은사들과 전혀 무관한 영역에서 특출하기를 기대하신다고 생각하는 것 같다. 내가 만난 사람들 중에는 수학과 컴퓨터를 흠모할 정도로 좋아하고 그 분야에서 아주 잘하면서도, 하나님이 자기들을 음악이나 신학 쪽으로 인도하신다고 생각하는 사람들이 있었다.

어떤 사람들은 야외 활동을 너무 좋아해서 자연 속에 있지 않으면 시들해질 정도이면서도, 하나님이 자기들을 도심에서 하루 8시간씩 일하는 사무직 쪽으로 인도하신다고 생각하기도 한다. 그것도 고층 빌딩의 37층에 있는 사무실에서.

심지어 아이들과 함께 있는 걸 무척 불편해하면서도 하나님이 자기를 교사로 인도하신다고 생각하는 사람도 만난 적이 있다.

이런 사람들에게 나는 이렇게 물어 본다. "왜 당신은 하나님의 인도하심이 하나님이 당신을 만드신 그 모습과 모순되리라고 전제하십니까? 왜 하나님이 당신을 A라는 목적을 위해 지으시고는 당신에게 B라는 목적을 성취하라고 요구하시겠습니까?"

우리 하나님은 목적 의식이 분명하시다. 그분은 우주의 오케스트라를 합성하는 분이시며 상임 지휘자시다. 물론 하나님은 우리의 능력을 끝까지 늘리시고 우리의 잠재력을 확장하는 걸 좋아하시며, 그렇기 때문에 종종 우리가 한 번도 시도해 보지 않은 길로 인도하시기도 한다. 하지만 그렇다고 해서 하나님이 우리의 은사와 천성적인 관심사를 무시하신다는 의미는 아니다. 결국 우리가 하나님을 좀더 효과적으로 섬길 수 있도록 그것들을 우리에게 주신 분은 바로 하나님 아니신가! 따라서 그분은 우리의 타고난 능력들을 더욱 강하게 하시고 그것을 토대로 삼으신다.

하나님이 만드신 당신의 모습과 완전히 반대되는 인도하심을 감지한다면, 충고하건대 그 인도하심을 조심스럽게 시험해 보기 바란다. 그 일을 할 사람이 없기 때문에 하나님이 그 어려운 일을 당신에게 요청하시는 건가? 당신만의 고유한 은사가 더욱 성장하기를 바라서 하나님은 당신이 새로운 영역으로 뻗어나가기를 요구하시는 건가? 아니면 혹시 하나님이 영감을 주신 인도하심이 아니라, 하나님이 당신에게 맡기신 일을 오히려 산만하게 만드는 것은 아닌가?

종됨의 차원

셋째로, **하나님의 인도하심은 대체로 종됨과 관련이 있다**. 많은 거짓 인도들은 분별하기가 꽤 쉽다는 것을 나는 알게 되었다. 왜냐하면 그것들은 자기 자신을 높이거나 자기의 이익만을 도모하기 때문이다. 나도 어김없이 그런 때가 있다. 1월 하순이나 2월 초순 경, 미국 중서부 지방이 꽁꽁 얼어붙는 계절이 되면, 묘하긴 하지만 거부할 수 없는 부르심, 바로 하와이 호놀룰루에 교회를 개척하라는 부르심을 느끼는 것이다.

최근에 한 남성이 무척 낙심하여 내게 전화를 걸어 이렇게 말했다. "저는 저희 교회에서 30년 가까이 장로로 몸담아 왔습니다. 그 동안 많은 목사님들이 저희 교회를 거쳐 가셨지요. 그분들은 사례금도 더 많이 주고 혜택도 더 많고 목회진 수도 더 많고 사택도 더 큰 교회에서 초빙을 하면, 저희 교회를 떠나라는 인도하심이라고 느끼시더군요. 왜 다들 그러시는지 모르겠어요. 더 적은 월급과 더 적은 혜택밖에 줄 수 없는 더 작은 교회로 인도하심을 받는 목사님은 단 한 분도 없었답니다."

지난 세월 동안 내가 깨닫게 된 점은, 어떤 인도하심이 돈과 명예와 뽐낼 만한 것들과 시시한 물질들을 약속한다면, 아주 조심해야 한다는 것이다. 종됨과 역경보다는 번영이 훨씬 더 많은 사람들을 파괴시켰다. 반면에, 어떤 인도하심이 나를 겸손케 하고 누군가를 섬기라거나 격려하라거나 혹은 뭔가를 나눠 주라고 할 때는, 그 인도하심이 성령님께로서 온 것임을 대체로 감지할 수 있다. 악한 영이 우리를 위와 같은 일로 인도하는 경우는 극히 드물다.

다음은 바울이 에베소 장로들에게 자신이 받은 인도하심 중의 하나를 말하는 부분이다. "보십시오. 이제 나는 성령에 매여서, 예루살렘으로 가는 길입니다. 거기서 무슨 일이 내게 닥칠지, 나는 모릅니다. 다만 내가 아는 것은, 성령이 내게 일러주시는 것뿐인데, 어느 도시에 서든지, 투옥과 환난이 나를 기다리고 있다는 것입니다"(행 20:22-23). 바울은 그의 은사와 반대되는 일을 하라는 요구를 받은 것이 아니다. 예루살렘으로 가는 길목마다 그는 복음을 전하고 어린 교회들을 굳건히 세울 것이다. 하지만 그는 하나님 나라를 위해서 자기의 안전과 편안함을 희생하라는 요구를 받고 있었다.

하나님으로부터 오는 인도하심이 모두 고통과 희생을 요구하는 건 아니지만, 하나님의 인도하심은 당신의 믿음의 한계를 시험하는 창자가 꼬이는 결정을 해야 하거나, 인생의 궁극적인 현안들에 정면으로 마주쳐야 하는 것일 수도 있다. 하나님의 인도하심 중에 상당수는 당신에게 편안함이냐 거룩한 성품을 키울 것이냐, 돈을 모을 것이냐 먼저 하나님 나라를 구할 것이냐, 세상이 보기에 승자냐 하나님이 보시기에 승자냐 사이에서 선택을 하라고 요구할 것이다.

따라서 어떤 인도하심이 당신에게 하루 아침에 건강과 부와 안락과 행복을 약속한다면, 경계하기 바란다. 하나님은 예수님을 왕관이 아니라 가시관으로 인도하셨다. 하지만 궁극적으로는 가시관 쓴 십자가의 길이야말로 이 세상 모든 죄인이 자유와 용서에 이르는 길이 되었다. 하나님은 우리 또한 예수님을 따르는 자들로서 십자가 지기를 바라신다. 역설적으로, 그 십자가를 지고 갈 때 우리는 자유와 기쁨과 성취를 맛보게 된다.

예의 주시하면서 전진하라

요약하자면, 어떤 인도하심이 하나님의 말씀과 일관성이 있고, 하나님이 당신을 만드신 모습에 부합되며, 희생이나 믿음의 일보를 내딛기를 요구한다면, 그건 하나님으로부터 온 인도하심이라고 볼 수 있겠다. 여기에 몇 가지 주의 사항을 추가한다.

- □ 어떤 인도하심이 당신의 인생 전체를 바꾸어 놓을 수 있는 중대한 사안을 단시간 내에 결정하라고 요구한다면, 의문을 제기하라.
- □ 어떤 인도하심이 당신으로 하여금 꽤 큰 빚을 지게 만든다든지, 다른 사람을 곤란하거나 타협해야 하는 입장, 혹은 위험에 처하게 만든다면, 의문을 제기하라.
- □ 어떤 인도하심이 당신의 가족 관계나 여타 중요한 친구 관계를 뒤흔든다면, 의문을 제기하라.
- □ 당신이 그 인도하심을 성숙한 그리스도인 친구나 상담자에게 이야기했을 때 그들이 불안해한다면, 의문을 제기하라.

그렇다고 그런 인도하심들을 무조건 거부하라는 말은 아니다. 그것들이 성경에 위배되는 것이 아닌 한은. 하지만 그런 인도하심은 매우 심사숙고해서 다루기 바란다. 하나님으로부터 온 인도하심은 환상적이리만큼 뿌듯한 기독교적 모험으로의 문을 열어 주지만, 거짓 인도는 어마어마한 혼동과 고생, 고통과 충격적인 상처를 줄 수 있다.

시험하고 순종하라

나는 이 장을 부정적인 분위기로 마치고 싶지 않다. 그리스도인들이 거짓 인도에 너무 겁을 먹은 나머지, 성령님의 인도하심에마저 귀를 막아 버린다면, 끔찍한 손실이 아닐 수 없다. 물론 하나님은 우리가 영들을 시험하기 원하시지만, 그러고 난 후에는 믿음의 한 발자국을 떼고 하나님을 따르기를 바라신다.

몇 년 전에 나는 신자가 아닌 사람과 식당에서 함께 점심 식사를 한 적이 있었다. 그의 친구들이 해준 말에 따르면, 그는 그들이 만난 사람 중에서 가장 거칠고 비판적이며 가장 독재적이고 완고하며 완악한 사람이라고 했다(이 정도의 이야기를 들었으므로, 그와 원수지간인 사람들이 그를 어떻게 생각할지에 대해서는 아예 알아보지도 않았다). 식사를 시작한 지 20분이 지나자, 나는 그들이 한 말이 전부 사실임을 확인할 수 있었다.

우리는 다방면에 관해 이야기를 나누었는데, 정말 중요한 주제는 빼놓고 있었다. 그런데 나는 바로 그 중요한 주제에 대해서 하나님의 인도하심을 느꼈다. 성령님이 나에게 이렇게 속삭이시는 것 같았다. "지금 네가 할 수 있는 선에서 가장 분명하게, 예수님이 죄인들을 위해 돌아가셨다는 단순한 진리를 그에게 전하렴."

난 그렇게 하고 싶지 않았다. 그가 어떤 반응을 보일지 안 봐도 훤하다고 생각했다. 하지만 그 인도하심은 확실히 성경적이었고, 내 은사에도 맞았으며(적어도 다른 상황에서는 그랬다), 어쨌든 내 이익을 도모하는 일이 아닌 것만은 확실했다! 나는 선택의 기로에 놓였다.

하나님을 신뢰할 것인가, 아니면 분명히 하나님으로부터 온 것으로 보이는 이 인도하심에 불순종할 것인가?

나는 순종했다. 나는 급작스레 주제를 바꾸어서 이렇게 물었다. "예수 그리스도가 어떻게 죄인들을 하늘나라로 인도하시는지 알고 싶지 않으세요?"

"뭐라고요?" 그가 물었다. 나는 다시 말했다. "제 말의 요점은, 예수 그리스도가 어떻게 죄인들을 용서하시고 그들을 하늘나라로 데려가시는지 알고 싶지 않으시냐구요?" "그런 것 같기도 하네요." 그가 머뭇머뭇 동의를 했다.

그래서 나는 후식을 먹으면서 내가 알고 있는 한도 내에서 가능한 한 간단하고 짧게 구원의 계획에 대해 설명하였다. 그가 몇 가지 질문을 했다. 우리는 그렇게 점심 식사를 마쳤고, 나는 약간 황당해하면서 사무실로 돌아왔다.

2, 3일쯤 후에 그의 전화를 받고 나는 의자에서 나가떨어질 뻔했다. 그가 이렇게 말하는 게 아닌가. "우리가 함께 점심을 먹은 후에 제가 무얼 했는지 아세요? 제 침실로 가서 무릎을 꿇고 이렇게 말했답니다. '저는 구세주가 필요한 죄인입니다'라고요."

그 사람은 듬직한 그리스도인이 되었다. 그의 심령은 부드러워졌고, 그는 내 가장 친한 친구 중 하나가 되었다. 7년 동안 함께 너무도 멋진 교제의 시간을 가지다가, 그 친구는 주님과 함께 하늘나라로 갔다. 이 모든 일은 그 인도하심에서 출발하였다.

당신이 하나님의 인도하심을 듣기 시작할 때, 하나님이 왜 그 일을 하라고 하시는지 이유를 모를 때도 종종 있을 것이다. 하나님은 미지의 영역을 통과해 가는 길로 당신을 인도하실 수도 있고, 때로는 특별한 이유 없이 그저 하나님에 대한 신뢰를 가르치시기 위해서 그러실 수도 있다. 기억할 것은, 그리스도인의 삶은 보이는 것이 아니라 믿음에 근거한 것이라는 사실(고후 5:7)과, "믿음이 없이는 하나님을 기쁘게 해 드릴 수 없다"는 사실이다(히 11:6).

참으로 역동적이고 온전하며 흥미진진한 그리스도인의 삶을 살고자 한다면, 성령님의 인도하심에 귀를 기울이라. 그 인도하심들을 시험하라. 그리고 순종하라. 영적인 주사위를 던지라. 믿음의 도박을 하라. 패를 던지라. 하나님과 협력하라. 좀 위태롭거나 비논리적으로 보이더라도 하나님께 "예"라고 대답하라. 그러면 당신은 하나님이 하시는 일들을 보고 놀라서 입이 딱 벌어질 것이다.

묵상과 토론을 위한 질문들

1. 우리는 종종 하나님이 인도하시는 음성을 듣고도 그대로 따르기를 주저하는 경우가 있다. 왜 그런가?

2. 어떤 인도하심이 하나님께로서 온 것인지 아닌지를 어떻게 확신할 수 있겠는가? 우리 내면의 욕구는 아닐까? 혹은 사탄의 유혹은 아닐까? 그 차이를 어떻게 알 수 있는가?

3. 당신은 하나님의 인도하심에 대체로 어떻게 반응하는가?

4. 하나님은 당신이 섬김을 받는 쪽으로 더 많이 인도하셨는가, 아니면 남을 섬기는 쪽으로 더 많이 인도하셨는가?

5. 우리의 삶 속에서 하나님의 즉각적인 음성을 분별할 때, 어떤 점에 주의해야 하는가?

15 하나님의 임재 연습

기도의 목적은 단순히 간구와 찬양거리들을 들고 와서 그럴듯한 모양새로 하나님께 내어 드리는 것이 아니다. 단순히 하나님의 응답과 인도하심을 깨닫는 것만도 아니다. 하나님이 우리에게 쉬지 말고 기도하라고 명령하시는 이유는, 단지 필요할 때마다 수정하신 방향을 우리에게 쉽게 전달하려고 그러시는 게 아니다.

기도의 목적은 그보다 더 심오하다. 성령 하나님을 통해서 성부 하나님 그리고 성자 하나님과의 끊임없는 연합을 유지시켜 주는 방법이 바로 기도인 것이다. 기도는 예수님이 요한복음 15:5-8에서 설명하신, 예수님과의 끈끈한 관계를 삶으로 살아낼 수 있는 수단이다.

> 나는 포도나무요, 너희는 가지이다. 사람이 내 안에 머물러 있고, 내가 그 안에 머물러 있으면, 그는 많은 열매를 맺는다. 너희는 나를 떠나서는 아무것도 할 수 없다. 사람이 내 안에 머물러 있지 아니하면, 그는

쓸모 없는 가지처럼 버림을 받아서 말라 버린다. 사람들이 그것을 모아다가, 불에 던져서 태워 버린다. 너희가 내 안에 머물러 있고, 내 말이 너희 안에 머물러 있으면, 너희가 무엇을 구하든지 다 그대로 이루어질 것이다. 너희가 열매를 많이 맺어서 내 제자가 되면, 이것으로 내 아버지께서 영광을 받으실 것이다.

기도에 관한 책이라고 하면서, 하나님이 그분을 따르는 자들 속에 거하시는 임재에 대해서 언급하지 않는다면, 그 내용은 불완전할 것이다. 기도와 하나님의 임재는 동전의 양면이다. 기도를 통해서 하나님과 대화하고 듣는 시간을 가진 결과로 주어지는 것이 바로 하나님의 임재에 대한 의식이며, 반대로 하나님의 임재 속에서 시간을 보내는 사람들의 삶 속에서 기도의 능력이 펼쳐진다.

용서자이며 주님이며 친구 되신 하나님

너무나 많은 그리스도인들이 하나님에 대해서는 엄청 많이 알고 있지만 삶 속에서 그분의 임재를 경험하는 경우는 아주 희박하다. 나는 하나님의 초월성을 강조하는 교파에서 자랐다. 우리는 하나님을 고귀하고 숭고하신 분으로 생각했다. 당연히 그래야 하는 것이지만, 그 면만을 지나치게 강조했던 것이다. 하나님은 피조물들과 경배자들에게서 너무나 높이 떨어져 계셔서, 그 간격을 메울 방법이 없어 보인 적이 자주 있었다.

나는 하나님을 경외한다는 것이 무슨 의미인지 알고 있었고, 하나님을 섬기는 것이 얼마나 중요한지도 잘 이해하고 있었다. 언젠가는 하나님의 심판대 앞에 서게 될 것이고, 따라서 그분의 명령에 순종하는 것이 내 의무라고 생각하고 있었다. 하지만 그리스도인으로서의 내 경험에서 한 가지 부족한 것이 있었다. 하나님이 자신의 자녀와 얼마나 친밀한 관계를 맺고 싶어하시는지에 대한 실제적인 이해가 부족했던 것이다.

그러다가 나는 대학에서 나를 놀라게 하는 교수님을 한 분 만나게 되었다. 그 교수님은 마치 방금 전에 예수님과 함께 점심 식사라도 한 것처럼, 예수 그리스도와의 관계에 대해서 그렇게 친밀하게 이야기하시곤 했다. 그분은 마치 친구나 형제와 관계를 맺듯이, 그렇게 예수님과 편안한 대화를 나누는 관계를 맺고 있는 것 같았다.

나는 "불멸하시며 보이지 않으시며 유일한 지혜이신 하나님, 우리의 상상 밖에 계시며 감히 다가갈 수 없는 빛이신 하나님"과 어떻게 그런 식의 관계를 맺을 수 있는지 이해는 안 되었다. 하지만 나도 그런 관계를 맺고 싶었다. 그래서 나는 수업이 끝나면 그 교수님 주변을 서성거리곤 했다. 그러던 어느 날 나는 용기를 내어 이렇게 여쭈어 보았다. "교수님은 어떻게 그런 식으로 예수님을 알게 되신 건가요?"

"아마도 학생은 예수님을 오로지 학생의 죄를 용서해 주신 용서자로만 이해하고 있는지도 몰라." 교수님의 대답은 내 눈을 번쩍 뜨이게 했다.

교수님 말씀이 옳았다. 몇 년 전에 나는 나의 죄성을 인정하고 구세주가 필요함을 깨달았었다. 그래서 그리스도께 무릎을 꿇었고, 그분은 나를 깨끗이 씻어 주셨다. 내 삶 속에 베풀어 주신 그리스도의 은혜에 감사하면서 나는 늘 이렇게 기도해 왔던 것이다. "오 주님, 저의 죄를 사하시려고 십자가에 돌아가신 은혜를 감사드립니다."

나는 예수님을 용서자로 이해하고 관계를 맺었을 뿐만 아니라, 내 인생의 주님으로서도 관계를 맺었다. 하지만 나는 예수님이 요한복음 15:15에서 요구하신 관계의 전체적인 차원은 미처 이해하지 못했던 것이다. "이제부터는 내가 너희를 종이라고 부르지 않겠다. 종은 그의 주인이 무엇을 하는지를 알지 못한다. 나는 너희를 친구라고 불렀다. 내가 아버지에게서 들은 모든 것을 너희에게 알려 주었기 때문이다."

하나님의 임재 연습

그 교수님은 이렇게 말씀하셨다. "예수님이 자네에게 이 구절을 개인적으로 설명해 주신다면, 아마 이렇게 말씀하셨을 걸세. '나는 용서자요 주님으로서 너와 관계 맺기를 원한다. 하지만 나는 네 친구도 되고 싶단다. 우리의 대화가 너에게 위로가 되길 바란단다. 우리의 대화가 서로 주거니 받거니 하는 대화였으면 좋겠어. 네가 하루 종일 내 생각을 해주면 좋겠다. 네가 절대 혼자가 아니라는 사실을 알아 주고, 네가 어디를 가든지 무엇을 하든지 항상 네 옆에는 친구가 있다는 것을 알았으면 좋겠다. 나는 네가 일상의 삶 속에서 나의 임재를 발견하길 바란단다'라고 말일세."

17세기 프랑스의 한 수도원에서 요리사로 있었던 로렌스 수사는 예수님과의 그런 깊은 관계를 잘 말해 주는 표현 하나를 이 세상에 알려 주었다. 바로 **하나님의 임재 연습**이다. 이 겸손한 수사는 설거지를 하고 형제들이 먹을 음식을 만드는 동안 하나님과 교통하였고, 하나님의 임재의 빛은 그의 하찮은 주방일에 부요함과 의미를 가져다 주었다.

나는 그 교수님이 나에게 예수님을 친구로 사귀도록 도전하시던 그 시점에 로렌스 수사의 책을 알게 되었다. 그리고 그 수사의 책과 더불어 우리 교수님의 가르침과 본보기를 통해 내 삶 속에서 하나님의 임재를 점점 더 의식하게 되었다. 로렌스 수사를 통해서 내가 배운 것은, 내가 자동차 안에서든 직장에서든 집에서든, 일할 때든 남을 도울 때든 밤에 침대에 누워서든, 언제 어디서 어떤 상황에 있든 주님과 의미 있는 교통을 할 수 있다는 사실이었다. 하나님은 내 가까이 계셨고, 당신의 아들 예수님을 통해서 나와의 우정을 누리기 원하셨다.

역사 속에서의 하나님의 임재

성경을 읽으면서 나는 하나님이 그분의 백성들 사이에 임재하심을 그들에게 가르쳐 주시려고 얼마나 많은 고통을 겪으셨는지를, 기록된 역사를 통해 발견하게 되었다.

이스라엘 백성을 이집트에서 건져 광야로 이끌어내신 하나님은, 그들이 외로워하고 두려워하리라는 것을 잘 아셨다. 자녀들과 가축을 책임져야 했던 이스라엘 백성들은 야생 동물들 사이에서 야영을 해야 했고, 음식도 없었으며, 사실상 물도 전혀 없었다. 적이 쳐들어와도 그들을 지켜 줄 군대나 성벽도 없었다. 심지어는 약속의 땅으로 가는 길조차 알지 못했다.

그들도 머리로는 자기들이 하나님의 백성이며 하나님이 자신들을 보호해 주마고 약속하셨다는 것을 알고 있었다. 하지만 하나님의 임재를 느끼기는 매우 어려웠다. 그래서 하나님은 그들이 어디로 가든지 하나님이 그들과 함께하신다는 것을 확신시켜 주고자, 하나님의 임재를 눈으로 볼 수 있는 표시를 주셨다. "주님께서는, 그들이 밤낮으로 행군할 수 있도록, 낮에는 구름기둥으로 앞서 가시며 길을 인도하시고, 밤에는 불기둥으로 앞 길을 비추어 주셨다"(출 13:21).

백성들은 그들의 여정이 올바른 방향으로 진행되고 있는지 궁금할 때면, 눈을 들어 구름 기둥만 쳐다보면 되었다. 밤이 되어 짐승이나 적들이 슬금슬금 그들에게 접근해 와서 두려움이 몰려올 때면, 그들은 온 진영 위로 붉게 타오르는 불 기둥만 쳐다보면 되었다. 하나님은 그들이 그들 가운데 계신 하나님의 임재를 확실하게 느낄 수 있게 해 주셨다.

구약 성경은 하나님이 자기 백성들과 함께하신다는 사실을 그들에게 알려 주신 여러 방법을 말해 주고 있다. 이스라엘의 출애굽 여정 동안 함께 했던 성막, 성전의 언약궤 위에 머무르셨던 셰키나(Shekinah, 속죄소나 자연 현상에 나타난 하나님의 모습, 하나님의 현현—역주), 하나님의 말씀을 백성들에게 대언했던 선지자들의 행렬 등의 방법을 통해서 말이다. 하지만 그 때까지만 해도 하나님의 완전한 임재는 아직 도래하지 않은 상태였다.

우리와 함께하시는 하나님

신약은 하나님이 그 아들 예수 그리스도라는 인격 안에서 자신의 임재를 우리에게 드러내셨다는 사실로 시작된다.

약속하신 아기의 이름은 **임마누엘**—"하나님이 우리와 함께 계시다"(마 1:23)—이라 불릴 것이었다. 요한은 예수님의 탄생의 의미를 이렇게 설명한다. "그 말씀은 육신이 되어 우리 가운데 사셨다"(요 1:14). 신학자들은 이것을 **성육신**(incarnation)이라고 부른다. 하나님이 인간의 몸을 입으시고 자기 백성들 속에서 사셨다는 것이다.

예수 그리스도를 통해서 이 땅에 임하신 하나님의 임재는 뭔가 신비롭고 저 세상에서나 있을 법한 현상이 아니었다. 제사장들, 선지자들, 혹은 지성인들만 분별할 수 있는 그런 것도 아니었다. 요한은 성육신의 물리적인 실체를 강조하였다.

> 이 생명의 말씀은 태초부터 계신 것이요, 우리가 **들은** 것이요, 우리가 **눈으로 본** 것이요, 우리가 지켜본 것이요, 우리가 손으로 **만져 본** 것입니다—이 생명이 나타나셨습니다. 우리는 그것을 보았습니다. 그래서 우리는 이 영원한 생명을 여러분에게 증언하고 선포합니다. 이 영원한 생명은 아버지와 함께 계셨는데, 우리에게 나타나셨습니다(요일 1:1-2).

예수님을 통해 나타나신 하나님의 임재는 강력했다. 그래서 평범하고 죄인이었던 사람들을 "천하를 어지럽게" 하는(행 17:6, 개역 성경) 사도들로 변화시켰다. 심지어는 믿지 않던 지도자들조차도 무엇이 이들을 이렇게 다르게 만들었는지를 깨달았다. "그들은 베드로와 요한이 본래 배운 것이 없는 보잘것없는 사람인 줄 알았는데, 이렇게 담대하게 말하는 것을 보고 놀랐다. 그리고 그들은 그 두 사람이 예수와 함께 다녔다는 사실을" 알았다(행 4:13).

당신 안에 계시는 그리스도

하지만 그리스도 안에 계신 하나님의 임재가 아무리 강력하다 해도, 여전히 뭔가 결여된 것이 있었다. 이 땅에서의 예수님의 사역은 단 3년에 지나지 않았다. 예수님은 팔레스틴 지역을 떠난 적도 없었다. 그리고 예수님을 개인적으로 만난 사람들도 상대적으로 적은 수에 불과했다. 이 세상에 살았던 대다수 사람들은 예수님과 직접 접촉할 기회가 전혀 없었다. 예수님이 제자들에게 다음과 같이 약속하신 것도 바로 그런 이유에서다. "내가 아버지께 구하겠다. 그리하면 아버지께서 다른 보혜사를 너희에게 보내셔서, 영원히 너희와 함께 계시게 하실 것이다. 그는 진리의 영이시다"(요 14:16-17).

예수님이 하나님 아버지께로 승천하신 지 얼마 지나지 않아, 그 약속은 성취되었다. 오순절에 하나님은 성령님을 보내사, 신자들의 삶 속에 영원한 거처를 잡으셨다.

오순절 이후로 모든 신자들은 하나님이 그들 안에 임재하신다는 강력한 표시를 갖게 되었다. 당신이 그리스도께 절하고 그분의 소유가 되는 순간, 하나님은 당신의 죄를 씻으심과 동시에 성령으로 당신을 충만케 하신다. 그 다음부터 내주하시는 성령님은, 당신의 삶 속에 거하시는 하나님의 임재를 알리는 신호를 쉬지 않고 당신의 영혼에 송신하신다. 시간이 흐르면서 당신은 결코 혼자가 아니라는 것을 깨달아 간다. 하나님의 임재는 현실이다. 당신은 그걸 직접 느낄 수 있다. 당신이 어디로 가든 하나님의 임재는 당신과 함께한다.

당신이 하나님의 임재를 느끼는 법을 연습하노라면, 그분이 보내는 신호를 하루 종일 감지하게 된다. 직장에서, 집에서, 자동차 안에서, 기타 어디에서든, 당신은 주님과 대화하기 시작한다. 당신의 마음을 그분과 나누게 되고, 그분이 듣고 계심을 알게 된다. 교회 건물 안에 있거나 무릎을 꿇고 기도하는 것과는 아무런 관계가 없다. 단지 하나님의 임재가 당신 안에, 당신 주변에 늘 계시는 것이다. "여러분 안에 계신 그리스도요, 곧 영광의 소망입니다"(골 1:27).

하나님의 임재를 의식한다는 것은 많은 유익이 있는 근사한 느낌이다.

신실하신 내 친구

첫째로, 당신이 하나님의 임재를 점점 더 의식하다 보면, 당신은 **거룩한 친구**(divine companionship)를 얻게 된다.

우리는 조금만 살아 보아도, 친구들과 더불어 사는 것을 낙으로 삼는 존재로 창조되었다는 것을 알게 된다. 아이들은 친구와 함께 노는 것을 무척 좋아하고, 청소년들은 사교를 매우 즐긴다. 성인들은 친구와 직장 동료들과의 관계를 유지하고, 배우자와 자녀들에게 평생을 헌신한다.

하지만 우정 관계가 아무리 다양하고 깊다 해도, 어떤 지점에 다다르면 당신은 인간적인 친구 관계로는 충분치 못하다는 것을 깨닫게 된다. 심지어는 가장 좋은 친구조차도 항상 당신 곁에 있어 줄 수는 없다. 이사를 가기도 하고 관계가 시들해지기도 하며 죽기도 한다. 당신이 겪고 있는 일들을 항상 이해해 주지도 못한다. 항상 신실하고 믿을 만하지도 못하다. 당신이 친구 관계 속에서 바라는 모든 필요를 사람에게서 충족시키려 한다면, 당신은 채워지지 않는 갈망을 하염없이 품고 살 수밖에 없다.

하지만 하나님은 우리가 오로지 인간 친구만 갖기를 기대하시지 않는다. 잠언 18:24은 "동기간보다 더 가까운 친구도 있다"고 말한다. 히브리서 4:15은 예수님이 "모든 점에서 우리와 마찬가지로 시험을" 받으셨기에, 우리를 완전히 이해하신다고 말한다. 시편 121:3은, 우리의 거룩한 친구는 항상 우리에게 시간을 내주실 수 있다는 말로 우리를 안심시킨다. "주님께서는…너를 지키시느라 졸지도 않으신다."

당신의 거룩한 친구는 항상 이야기를 들어 준다. 그는 아무런 장애물 없이 자유롭게 당신과 대화한다. 그가 당신에게 애정을 표현할 때는, 정말 그런 것으로 알면 된다. 그는 당신의 미숙함을 참아 주고, 그에게 잘못을 해도 용서해 주며, 심지어 당신이 오랜 시간 그를 무시해도 늘 당신에게 헌신되어 있다. 그는 항상 신실하다.

신뢰의 기본

그리스도와의 관계를 세워 나가고 그의 임재 안에서 사는 덕택에 누리는 두 번째 유익은 **초자연적인 확신**이다.

친구 관계는 근사한 것이다. 하지만 그보다 더 근사한 것은, 우주의 창조자시며 주관자시고, 당신에게 닥치는 모든 일에 맞설 수 있는 힘을 주시는 전능하신 하나님, 바로 그분이 당신의 가장 가까운 친구라는 사실을 깨닫는 것이다.

내가 십대 초반에 우리 아버지의 요트로 항해하는 법을 배울 때, 나는 종종 중학생 나이쯤 된 친구를 데리고 미시간 호수로 나가곤 했었다. 하지만 구름이 우리 쪽으로 무섭도록 뭉게뭉게 몰려오기 시작하거나 바람이 좀 세다 싶으면, 나는 서둘러 돛을 내리고 해변으로 돌아왔다. 친한 친구랑 같이 있는 건 좋았다. 함께한다는 건 유쾌한 일이니까. 하지만 폭풍우 속에서는 경험 없는 선원 친구란 내게 전혀 소용이 없었다.

어떤 때는 아버지랑 같이 항해를 할 때도 있었다. 이번에도 키는 내가 잡지만, 아버지랑 배를 탔을 때는 구름도 마구 몰려오고 바람도 거세게 불기를 간절히 바라곤 했다. 우리 아버지는 대서양을 횡단한 적도 있었고, 닷새 동안 폭풍우 속에서도 살아남았으며, 미시간 호수에서 일어날 수 있는 사태는 무엇이든 두루 다룰 능력도 갖고 계셨다. 아버지와 함께 배에 타면, 친구와 확신, 둘 다를 소유하는 거였다.

당신이 삶 속에서 하나님의 임재를 누리다 보면, 당신은 그 친구의 정체와 능력과 성품을 점점 더 깨닫게 된다. 하나님께는 다루지 못할 어려운 일이 없다. 그분의 능력에는 한계가 없다. 당신이 하나님과 함께 헤쳐 나갈 수 없는 그런 일은 당신 인생에서 절대 일어날 수가 없다.

당신이 지금 당장은 쾌청한 항해를 경험하고 있을지도 모른다. 그래서 전능하신 하나님을 당신의 동반자로 둔다는 것이 그렇게 중요해 보이지 않을 수도 있다. 하지만 당신의 인생에 폭풍우가 전혀 없을 수는 없다는 것을 나는 장담한다. 그런 사람은 아무도 없다. 지금부터 당신이 죽는 날까지 그 사이에 당신은 애간장 녹는 일, 실망, 시험과 비극을 경험하게 될 것이다. 하지만 당신의 삶 속에서 하나님의 임재를 누림으로써, 당신은 이런 폭풍우들을 자신있게 헤쳐 나갈 수 있을 것이다.

서로 사랑하라

하나님의 임재를 연습할 때 얻는 세 번째 유익은 **다른 사람들을 향한 긍휼이 많아진다**는 점이다.

당신이 그리스도와 보내는 시간이 많아질수록, 점점 더 그리스도처럼 행동하게 된다. 예수님은 사람을 소중히 여기셨고, 그분이 소중히 여기는 것은 그분을 따르는 자들에게도 소중하다. 그분의 관심과 긍휼은 당신에게도 영향을 미치기 시작한다.

사도 요한에게 어떤 일이 일어났는지를 보라. 처음에 그는, 어느 마을 사람들이 예수님이 그 동네에 머무르시는 걸 원치 않자, 그 마을 전체를 없애 버리고 싶어하던 사람이었다(눅 9:54). 하지만 하나님의 임재 속에서 일평생을 산 뒤에 요한은 "사랑하지 않는 사람은 하나님을 알지 못합니다. 하나님은 사랑이시기 때문입니다"(요일 4:8)라고 썼다.

아니면 사도 베드로를 보라. 그는 오순절 이후에조차 어떤 특정한 부류의 사람들과는 교제하는 걸 못 견뎌했었다(갈 2:11-14). 하지만 그리스도인의 미덕에 관한 그의 유명한 '사다리 원리'에서 그는 그리스도를 닮은 성품이 어떻게 발전되어 나가는지를 보여 준다. "여러분의 믿음에 덕을 더하고, 덕에 지식을 더하고, 지식에 절제를 더하고, 절제에 인내를 더하고, 인내에 경건을 더하고, 경건에 신도 간의 우애를 더하고, 신도 간의 우애에 사랑을 더하도록 하십시오”(벧후 1:5-7). 일평생에 걸친 그리스도와의 교제를 통해, 베드로는 신도 간의 우애와 사랑에 큰 가치를 두게 되었다. 그는 우리를 “신도 간의 우애” 안에서 자라게 하시는 분이 하나님이시며, 동시에 다른 그리스도인들의 긍휼과 사랑을 통해서 우리에게 하나님의 임재를 깨닫게 하시는 분도 하나님이심을 알고 있었다.

최근에 나는 한 컨퍼런스에서 강연을 하기 위해 집에서 멀리 출타한 적이 있었다. 내가 호텔 방에서 막 나오려는 찰나에, 전화벨이 울렸다. 나와 같은 동네에 사는 그리스도인 형제였다. 그가 굳이 내가 있는 곳을 알아내어 시외 전화를 한 것은 그저 다음과 같은 말을 해주기 위해서였다. “자네가 오늘 무엇을 하든지 하나님이 항상 자네와 함께 계시고, 나 또한 자네와 함께 있다는 것을 기억해 주기 바라네. 난 자네 뒤에서 자네를 위해 기도하고 있어.”

내 친구의 이런 보살핌을 통해서, 나는 그 컨퍼런스 내내 하나님의 임재를 느꼈다. 또 나는 알고 있다. 내 친구가 그렇게 내게 사역을 할 수 있었던 것은 하나님이 그 친구의 삶 속에도 임재하시기 때문이라는 것을.

이것은 그리스도께서 자신의 나라를 세워 가시는 방법 중 하나다. 그리스도를 따르는 모든 자들에게 자신의 긍휼을 서서히 주입해 주셔서, 그들이 서로서로 그리고 세상을 향해 사역하게끔 말이다. 구약의 하나님은 성전 안에 임재하셨다. 하지만 오순절 이후로는 우리가 하나님의 성전이 되었다(고전 3:16). 그리고 다른 사람들을 향한 우리의 관심은, 그들이 하나님의 임재를 이해하고 느끼는 데 도움이 된다.

하나님을 영원히 누리자

이리하여 우리는 다시 주기도문으로 돌아오게 된다. "나라이 임하옵시며 뜻이 하늘에서 이룬 것같이 땅에서도 이루어지이다." 그렇다면 하나님의 뜻은 무엇인가?

- 우리가 하나님의 사랑과 능력을 믿는 것.
- 우리가 성실함과 신뢰하는 마음으로 하나님께 나아오는 것.
- 우리가 하나님과의 사이에 있는 장벽을 허무는 것. 이 장벽에는 선입견과 지나친 분주함도 포함된다.
- 우리가 하나님의 고요하고 세미한 음성을 듣고, 그 음성에 순종하는 것.
- 우리가 하나님의 임재 안에서 살며 영원히 그분을 누리는 것.

딱딱한 신학적 표현들을 따스하고 살아 있고 인격적인 현실로 바꾸는 방법이 바로 기도다. 우리가 하나님과 지속적인 연합을 누리며 살 때, 우리의 필요도 채워지고 믿음도 자라며 사랑의 폭도 넓어진다. 우리는 마음 깊이 하나님의 평화를 느끼기 시작하고, 자발적으로 하나님을 경배하게 된다.

요한계시록에 묘사되어 있는 천상의 존재들과 함께 우리는 이렇게 외치게 된다. "죽임을 당하신 어린 양은 권세와 부와 지혜와 힘과 존귀와 영광과 찬양을 받으시기에 합당하십니다!…보좌에 앉으신 분과 어린 양께서는 찬양과 존귀와 영광과 권능을 영원무궁하도록 받으십시오!"(계 5:12-13)

나는 요즘 하나님을 무척 누리고 있다. 그분은 내 기도에 응답하신다. 내게 힘도 주신다. 성경 말씀 속에서 통찰력도 주신다. 그분은 내 인생을 인도하신다. 내게 사랑의 관계도 주신다. 하나님은 나를 위해 근사한 것들을 준비해 두고 계신다.

하나님과 함께하는 나의 인생은 모험의 연속이며, 이 모든 것은 기도로 시작된다. 아침 일찍 홀로 그분과 만나는 규칙적인 기도로. 듣기도 하고 말하기도 하는 그런 기도로.

당신도 하나님을 누릴 수 있다. 하나님은 당신을 그렇게 창조하셨다. "항상 기뻐하라. 쉬지 말고 기도하라. 범사에 감사하라. 이는 그리스도 예수 안에서 너희를 향하신 하나님의 뜻이니라"(살전 5:16-18, 개역 성경). 당신은 하나님의 친구 되심과 능력과 긍휼을 느낄 수 있다. 바로 지금, 하나님은 당신을 더욱 풍성한 삶으로 초대하신다.

바쁜 당신, 바쁠수록 "예"라고 대답하자!

묵상과 토론을 위한 질문들

1. 하나님의 임재 안에 사는 것과 기도와 어떤 상관 관계가 있는가?

2. 하나님은 역사를 통해서 어떻게 자신의 임재를 드러내셨는가?

3. 우리는 삶 속에서 어떻게 하나님의 임재를 연습할 수 있겠는가?

4. 당신이 설거지하는 시간이나 출퇴근하는 시간을 하나님의 음성을 듣는 시간으로 삼기 위해서는 어떤 노력이 필요한가?

5. 이 책을 통해서 당신이 기도에 관해 얻게 된 가장 중요한 통찰력은 무엇인가?

개인 및 그룹 기도를 위한 안내

찬미: 지성소로 들어가기

아래에 소개한 찬양 시편들 중 하나를 읽으라. 또는 당신이 직접 선택한 찬양 시를 읽어도 좋다(시 8, 19, 23, 46, 100, 148편; 눅 1:46-55, 68-79; 엡 1:3-14).

오너라, 우리가 주님께 즐거이 노래하자.
우리를 구원하시는 반석을 보고, 소리 높여 외치자.
찬송을 부르며 그의 앞으로 나아가서,
노래 가락에 맞추어, 그분께 즐겁게 소리 높여 외치자.
주님은 크신 하나님이시요,
모든 신들 위에 뛰어나신 왕이시다.
땅의 깊은 곳도 그 손 안에 있고,

산의 높은 꼭대기도 그의 것이다.
바다도 그의 것이며, 그가 지으신 것이다.
마른 땅도 그가 손으로 빚으신 것이다.

오너라, 우리가 엎드려 경배하자.
우리를 지으신 주님 앞에 무릎을 꿇자.
그는 우리의 하나님이시요,
우리는 그가 기르시는 백성이며,
그가 손수 이끄시는 양떼다.
(시 95편)

거룩하십니다, 거룩하십니다, 거룩하십니다,
전능하신 분, 주 하나님!
전에도 계셨으며, 지금도 계시며, 또 장차 오실 분이십니다!

우리의 주님이신 하나님,
주님은 영광과 존귀와 권능을 받으시기에 합당하신 분이십니다.
주님께서 만물을 창조하셨으며,
만물은 주님의 뜻을 따라 생겨났고,
또 창조되었기 때문입니다.

죽임을 당하신 어린양은
권세와 부와 지혜와 힘과
존귀와 영광과 찬양을 받으시기에 합당하십니다.

보좌에 앉으신 분과 어린양께서는
찬양과 존귀와 영광과 권능을 영원무궁하도록 받으십시오.
(계 4:8, 11; 5:12-13)

하나님, 당신의 ________________를 예배하며 찬양합니다.

죄의 고백: 우리의 죄를 밝히기

"우리가 우리 죄를 자백하면, 하나님은 신실하시고 의로우신 분이셔서, 우리 죄를 용서하시고, 모든 불의에서 우리를 깨끗하게 해주실 것입니다"(요일 1:9).

__________ 죄를 고백합니다.
저는 __________ 죄에 대하여 당신의 용서하심을 구합니다.
저에게 힘을 주사
그 죄를 벗어 버리게 하시고
다시 회복되게 하시며
당신의 용서하심과 당신이 주시는 새 생명을 받아 누리게 하옵소서.

나는 그리스도 안에 있습니다!
나는 새로운 피조물입니다!
옛 것은 지나갔습니다.
보십시오, 새 것이 되었습니다.
(고후 5:17을 보라)

감사: 감사한 마음을 표현하기

"모든 일에 감사하십시오. 이것이 그리스도 예수 안에서 여러분에게 바라시는 하나님의 뜻입니다"(살전 5:18).

하나님께 찬양과 감사를 드립니다.
_______________에 응답하여 주시고
_______________ 영적 축복과
_______________ 관계의 축복과
_______________ 물질적 축복과
_______________을 주심에 감사드립니다.

애원하는 나의 간구를 들어 주셨으니,
주님을 찬양하여라.
주님은 나의 힘, 나의 방패이시다.
내 마음이 주님을 굳게 의지하였기에, 주님께서 나를 건져 주셨다.
내 마음 다하여 주님을 기뻐하며
나의 노래로 주님께 감사하련다.
(시 28:6-7)

간구: 도우심을 구하기

"아무것도 염려하지 말고, 모든 일을 오직 기도와 간구로 하고, 여러분이 바라는 것을 감사하는 마음으로 하나님께 아뢰십시오"(빌 4:6).

하나님, 제가 이렇게 간청하오니,

다른 사람들—가족, 친구, 지인들, 직장 동료, 교회 식구, 신문 기사에 난 사람들…

제 자신—직장 생활, 성품, 건강, 저의 기쁨과 슬픔…

그리고 ________________을 위해 기도합니다.

"여러분의 걱정을 모두 하나님께 맡기십시오. 하나님께서는 여러분을 돌보고 계십니다"(벧전 5:7).

성부 성자와 성령님, 영원히 영광 받으옵소서.

태초로부터 지금까지, 그리고 세상 끝날까지 영원토록.

아멘.

옮긴이 소개

김성녀는 연세대 영어영문학과를 졸업하고 IVP 편집부에서 수년간 일했다. 이후 미주리 주립대학에서 광고언론학(석사)을 공부했고, IVP 기획실에서 일한 바 있다. 역서로는 「긍휼」, 「미디어 시대, 당신의 자녀는 안전한가?」, 「미지근한 그리스도인의 77가지 습관」, 「신세대를 위한 전도 길라잡이」, 「존 스토트의 복음 전도」, 「하나님의 마음에 합한 사람」(이상 IVP) 등이 있으며, 다수의 성경 공부 교재를 편역하였다.

너무 바빠서 기도합니다

초판 발행 2004. 3. 10 | 초판 27쇄 2007. 7. 25
지은이 빌 하이벨스 | 옮긴이 김성녀
발행처 한국기독학생회출판부 | 판권 © 한국기독학생회출판부 2004
등록 제 9-93 호(1978. 6. 1) | 100-603 · 서울 중앙우체국 사서함 327
대표 전화 02-337-2257 | 팩스 02-337-2258 | IVP Books 02-3141-5321
영업 전화 02-338-2282 | 팩스 080-915-1515
홈페이지 http://www.ivp.co.kr | E-mail ivp@ivp.co.kr
ISBN 89-328-2076-7